Luxemburgo, Bélgica y Holanda en Autocaravana

Alberto Nájera López
Teresa Ruiz Martínez
Albacete, agosto de 2010

Para cualquier duda, puedes contactar conmigo:

Alberto Nájera López
najera2000@hotmail.com siempre con el asunto: "BeNeLux en Autocaravana"

ISBN: 978-1-4475-3362-7

Los *viajes* son en la juventud una parte de la educación y, en la vejez, una parte de la experiencia.

Francis Bacon.

Lo mejor de los viaje es lo de antes y lo de después.

Maurice Maeterlinck.

Lo escuché y lo olvidé, lo vi y lo entendí, lo hice y lo aprendí.

Confucio.

CONTENIDOS

¿POR QUÉ?

Al igual que hicimos el año pasado, este texto no es más que un diario de viaje: el relato de nuestras vivencias durante nuestras vacaciones de 2010 por Bélgica, Holanda y Luxemburgo en autocaravana, aunque también incluye alguna localidad de Francia. No pretende ser, ni mucho menos, una guía turística.

Cada vez más viajeros buscamos información independiente en Internet sobre lugares y destinos de lo más variado, no nos limitamos a guías turísticas. Así, cada vez más, las experiencias que otros viajeros intercambian a través de la Red de Redes, proporciona una nueva fuente de información turística, pero que ayuda muchísimo a la hora de decidir si visitar un determinado destino. He aquí nuestro granito de arena.

A la hora de planificar un viaje, el caso de los autocaravanistas no es muy distinto al de cualquier otro viajero, pero con una diferencia lógica fundamental: no necesitamos alojamiento. Pero debemos aparcar el alojamiento que llevamos a cuestas. Nosotros buscamos que ese lugar sea tranquilo y que no haya problemas. Cada viajero es un mundo y viaja por diferentes motivos y con diferentes expectativas. Entre los autocaravanistas, como es lógico, esto también ocurre. Aparte de qué ver, hay algo más, ya que el lugar de aparcamiento o pernocta puede condicionar completamente nuestra ruta. Los hay que aparcan en cualquier lugar y que salga el sol por Antequera; los hay que no se complican y van de camping en camping; o de área de atocaravana en área de autocaravana y, cómo no, existe el que un día hace una cosa y otro día hace otra. Entre estos últimos nos incluimos; como también nos incluimos entre aquellos para los cuales encontrar un lugar adecuado para pernoctar, suele ser la mayor preocupación durante un viaje como el que contamos aquí.

Por esta razón, disponer de antemano del posible lugar donde dejar nuestra autocaravana, ya sea para aparcar durante la visita o durante la pernocta, ayuda muchísimo. Así que partimos cargados con numerosos relatos de otros autocaravanistas, listados de puntos de aparcamiento y pernocta, campings, la Guía Viva de Bélgica y la de Holanda, la Lonely Planet de The Netherlands (sólo disponible en inglés), el TomTom actualizado y con numerosos puntos de parada y pernocta (muchos incorrectos), el mapa de Michelin de Benelux y la guía "Escapades en camping-car, France 2009" de Michelin (en francés y con un gran número de áreas de autocaravanas, con precios y servicios proporcionados). También llevamos un montón de apuntes que Teresa ha ido elaborando desde hace varias semanas y donde recoge, tras leerse todas las guías y varios relatos, qué cosas recomiendan, qué hay que ver, etc.

Esperamos que este texto sea una de las fuentes de información que lleves durante tu viaje y que te sea útil. Por eso, el texto está dividido en apartados, con el fin de facilitar su uso. Además del relato o diario con todas las vivencias y toda la información, siempre personal, se incluye un apartado específico con un listado de los puntos de parada y pernocta con los servicios de los que dispone y las coordenadas GPS. Alguno con esas pocas páginas, probablemente, tenga suficiente. Este año no incluimos el apartado de "guía visual" con fotos de los puntos de pernocta y capturas de Google Earth ya que lo hemos fusionado en el listado, era reiterativo y las imágenes de Google no quedaban claras. Sí volvemos a incluir un apartado con información turística y datos importantes de los diferentes destinos, directamente tomado de Wikipedia, copiado tal cual, pero citado debidamente (es una razón más por las que el presente texto se distribuye bajo licencia Creative Commons). En el siguiente capítulo titulado "Información histórica" hemos hecho lo mismo que en el anterior, copiar directamente de Wikipedia, pero sólo de aquellos aspectos de la historia de Bélgica, Holanda y Luxemburgo que pueden ser interesantes para conocer el país y la región que visitamos. Por último, se proporciona un "Índice de lugares", con las páginas en las que aparecen en el texto, con el fin de facilitar al máximo el manejo de este documento.

Nuestra autocaravana es una Burstner Delfin T695G en la que viajamos Teresa, Alberto y nuestro hijo Daniel de 16 meses (en el momento del viaje). Daniel condiciona la ruta y las visitas, así que nos intentamos acoplar un poco a sus horarios. Este año, como ya es más mayorcito, hemos podido visitar muchos lugares en bicicleta y ha facilitado mucho el viaje, aunque claro está, no se visita una ciudad de la misma manera en bici que andando... y a nosotros nos gusta perdernos por las calles en interminables caminatas, así que este año también contábamos con el carro y una mochila (todo cargado en las bicicletas). Decimos esto para que se entienda un poco el porqué de algunas decisiones durante el viaje.

El viaje que se relata comenzó el 29 de julio y terminó el 21 de agosto de 2010. Queríamos llegar a nuestro primer destino, Luxemburgo, lo antes posible, pero intentando que el viaje no fuese demasiado pesado. Teníamos por delante más de 1.600 km. Por esta razón, y porque queríamos descansar, hicimos una parada en un camping en la playa de Blanes (Girona) donde estuvimos un par de noches. Las siguientes paradas fueron en Tournon sur Rhône y en la ciudad de Metz (Francia), aunque solo la estancia de un par de días en Blanes estaba prevista. De Luxemburgo, donde hicimos una breve visita a la capital y un breve paseo por las montañas (Suiza Luxemburguesa), nos dirigimos a algunas localidades del sureste de Bélgica como Bouillon, Dinant, Rochefort, La Roche en Ardene, Namur y Lieja (hacia el norte). De ahí nos dirigimos a Holanda, empezando por el parque natural de Hoge Veluwe y alguna localidad del centro-este y norte del país. Desde allí nos dirigimos al oeste, la isla de Texel, Alkmaar, Volendam, Edam, Marken y, por fin, a Amsterdam donde estuvimos 4 días, por exigencias del camping. Desde este momento comienza nuestro retorno pasando por Leiden, los molinos de Kinderdijk, diques del Plan Delta y vuelta a Bélgica pasando por Amberes, Lovaina, Bruselas, Gante y Brujas.

Los tres países visitados, aunque próximos y, a priori, similares, se nos han descubierto ciertamente diferentes. De Francia, reiterar lo carísimas que son sus autopistas, donde la autocaravana se considera de categoría 2 y te cobran casi el doble que a un coche (cruzar el país cuesta en torno a 100 € solo de peaje... sin contar que el combustible en las autopistas es prohibitivo).

En cuanto a Luxemburgo, país con la renta per cápita más alta de Europa y donde el sueldo mínimo es de 1.610 € (en España es de 600 €) sorprende que no haya autopistas de peaje y que la gasolina sea la más barata del viaje (97,6 centimos de euro el litro cuando aquí estaba a 1,079 €). También el camping fue relativamente barato (comparado con España en campings casi todo es barato) aunque la comida y otras cosas sí son realmente caras. Fue una visita fugaz y tampoco podemos decir mucho más. Por cierto, que por nuestra percepción las autocaravanas no son bienvenidas.

En Bélgica hay que destacar que depende mucho de la zona, no en el precio de la gasolina que es más caro que en España (entre 1,09 y 1,22 €) pero menos que en Francia (sobre todo que en las autopistas francesas, donde estaba a 1,29 €... aunque, como siempre, si sales a un pueblo y vas a un supermercado la puedes encontrar incluso más barata que en España). Las carreteras están, en general y en el momento de nuestro viaje, en las peores condiciones (con baches, parcheadas, mal señalizadas). Es importante un GPS ya que ciudades como Amberes o Bruselas son inaccesibles siguiendo las indicaciones de las carreteras donde se señala el nombre del barrio en vez de una calle, con lo que acceder a un determinado lugar es sumamente difícil para alguien que no vive en esa ciudad.

Holanda es otro mundo. Excelentes infraestructuras. Es el país de las infraestructuras. Innumerables puentes, canales, ríos, puertos, autopistas gratuitas. La gente, en general, es educada y respetuosa, y todo el mundo habla inglés. Esto es impensable en España, en Francia e incluso en Bélgica. Quiero resaltar también dos cosas: que prácticamente la totalidad de los cruces tienen semáforos automáticos que detectan cuando llegas y rápidamente cambian de rojo a verde y a rojo, a veces lo hacen tan rápido que no da tiempo, esto hace que casi nunca tengas que esperar en un semáforo y que verdaderamente sirvan para algo. Van dando paso a la carretera con mayor afluencia de vehículos y, si por una vía secundaria, aparecía un vehículo, le dan paso durante los segundos justos y necesarios para pasar, es fantástico. No como en otros países donde se pone el semáforo en verde para una determinada carretera aunque no vengan coches por ella y permanece en verde varios minutos, incluso cuando ya han pasado todos los coches que estaban esperando. La otra cosa a destacar, cómo no, son las bicicletas. Si te gusta este medio de transporte, disfrutarás al máximo, es un vehículo más en el sistema de transportes y se respeta completamente y en este sentido Bélgica no le llega ni a la suela del zapato, aunque habitualmente en este tema se meten ambos países en el mismo saco, siendo injusto.

Como hemos indicado, son países diferentes y, aunque esperábamos un paisaje más homogéneo, cada zona tiene uno característico. Así hemos pasado del paisaje francés, a las montañas de la Suiza Luxemburguesa, a los montes y la vegetación del sur de Bélgica, la planicie de Holanda con sus canales y granjas de exposición, las costas sobreelevadas (para ver el mar hay que subir escaleras), los diques y los lagos, etc. su riquísima variedad de aves y sus inmensos *polders* llenos de ganado.

En todos los países visitados lo más complicado es encontrar un contenedor de basuras... ya ni hablar de separar embases y cartón... probablemente por nuestra culpa, o eso suponemos... pero lo cierto es que no es fácil encontrarlos por las calles. Cuando viajamos con la autocaravana solemos hacer separación de basuras, pero en algunos momentos del viaje fue imposible encontrar un contenedor, ya no solo específico, sino de basura general. Es sorprendente que en países "tan desarrollados" como estos se recoja la basura solo unos días por semana y la gente deja, en general, las bolsas en la calle... otro día se recoge el papel y lo mismo... además la recogida puede ser a unas horas que son cuanto menos sorprendentes. ¿Acaso no es increíble que en pleno mes de agosto, con Brujas a rebosar de turistas, a las 13:30 se almacenen toneladas de basura por las calles y que el camión de la basura pase por las peatonales apartando a turistas y visitantes? Pues eso, que nos ha pasado en varios sitios y sorprende mucho. Otro invento fantástico desconocido en estas latitudes es la fregona. Sí, países donde llueve un día sí y otro también, no conocen la fregona y o bien apartan el agua con gomas o sujetan un trapo a un palo... im-presionante. Algo también sorprendente, sobre todo en Francia y Bélgica es que te cobren por el uso de los servicios hasta en el Mc Donalds... increíble... sobre todo cuando vas meándote a tope y no te llevas la consabida propina de 40-50 céntimos... O mejor, entras a cambiar al bebé, 50 cents, pasa uno, otros 50 cents, el otro, otros 50 cents... nos sale la visita al baño por 1,50 €... si eres muy meón, ponte una sonda.

Más cosas curiosas. Antes de continuar queremos indicar que estamos resaltando aquellas cosas que nos han llamado la atención, pero que, como todo, son generalizaciones, y ya se sabe: "toda generalización es falsa, incluso esta". Continuemos. Como hemos dicho, ni en Luxemburgo ni en Holanda está permitido pernoctar (según ellos acampar) salvo en los campings... pero no hemos tenido problemas para encontrar áreas de autocaravanas o campings (en Holanda caros, muy caros) o de aparcar e incluso pernoctar algún día por ahí (en Bélgica mejor)... y como nos dijo un holandés majísimo: "está prohibido, pero nadie va a venir a decirte nada".

Otro aspecto importante son los horarios de cierre de todo. A las 18 ó 18:30 está todo cerrado y, dependiendo de las poblaciones, a esa hora ya no queda ni un alma por las calles.

Así que hay que planificarse... en muchos momentos hemos tenido que visitar ciertos destinos en completa soledad... que también tiene su punto.

Queríamos resaltar también que en algunos lugares, solo por ser autocaravana te cobran mucho más... y encima te ponen pegas... Fastidia que no te dejen aparcar donde quieras, que te pongan pegas y encima les dejes más dinero que nadie (por ejemplo en los molinos de Kinderdijk pagas 5 € frente a 1 € que paga un coche, o en Marken donde pagas 10 € independientemente del tiempo de estacionamiento... aquí el cobro por minutos no ha llegado, se debió quedar con la fregona en el contenedor de basura.

Otra cosa. El tiempo que nos ha hecho ha sido totalmente variado y variable. Amanecía soleado, pero nos caía un chaparrón impresionante, o amanecía cubierto y lluvioso y al rato sol y calor. Así que, como ya lo sabíamos, llevábamos ropa de todo tipo... y es un poco desesperante, porque no sabes qué ponerte... al final el kit básico era manga corta, con chaqueta, zapatillas de gore-tex, chubasquero, paraguas... o sandalias... en fin, un lío.

Vamos terminando con una mezcla de todo. Nos ha sido complicado encontrar supermercados. En Holanda no hay grandes supermercados... y los centros comerciales son muy escasos... y con horarios imposibles... Más cosas... las granjas, muchas, en Holanda son auténticas mansiones con jardín, flores, todo verde, algunas casi de revista de decoración... El idioma no ha sido problema: inglés en Holanda, francés en Bélgica y Luxemburgo (por cierto, en el camping tampoco hablaban inglés), y signos en donde no había otro remedio... Las WiFis libres son como Bin Laden, existen pero nadie las ha visto... así que hay que ir a los cada vez más escasos cibercafés... o a una biblioteca pública.

Y la última reflexión o comentario. El cambio climático, pese a los negacionistas es un hecho irrefutable, demostrado por miles de registros, nos guste o no. Y si no te convence, lo que es innegable es el impacto terrible de la población humana sobre los ecosistemas... así que aunque sólo sea por esto, la reflexión es la siguiente: uno de los gases de efecto invernadero más potentes es el metano (mucho más que el dióxido de carbono). Una de las fuentes más importantes de este gas es la digestión y fermentación de la hierba en el estómago de los rumiantes. La población de vacas en Holanda es absolutamente sorprendente con más de 120 millones de cabezas... frente a los cerca de 7 millones de cabezas en España... (no son fuentes fiables, lo he encontrado en Internet, pero me parecen razonables) pero en una mínima porción de superficie... así que la concentración y producción de metano es sumamente importante. A pesar de ser un país en el que las emisiones de dióxido de carbono del tráfico son menores puesto que mucha gente se desplaza en bicicleta, estas emisiones de metano son un verdadero problema ya que son inmensas y, sobre todo, más problemáticas por su mayor efecto invernadero (ya no hablemos del olor... ya que para simplificar, se puede hablar de pedos de vacas en vez de metano, ya que esencialmente estamos hablando de lo mismo). En fin cosas que piensa uno mientras conduce...

Pues bien, terminamos con esta "breve" introducción, esperamos que no haya demasiados errores, que el texto te sea útil y sobre todo os deseamos un buen viaje.

LUGARES DE PARADA Y PERNOCTA

Listado con todos los lugares de pernocta y parada que vimos. Hemos resaltado las observaciones de los lugares donde pernoctamos o paramos nosotros. También hemos puesto las capturas de Google Earth.

LUGAR	COORDS.	OBSERVACIONES
Almansa	N 38° 520 14" W 1° 05' 30"	Calle tranquila al lado de un parque y cerca de una cafetería, cerca del centro.
Blanes (Camping El Pinar)	N 41° 39' 20" E 2° 46'42"	Camping a la orilla del mar con piscina. No tienen zona de servicios adecuada para autocaravanas y encima, tras cobrar 36 € la noche, quieren cobrar la carga y descarga de aguas. Esto es España y estos son los que luego suelen llamar a la Policía...
Tournon sur Rhône	N 45° 04' 24" E 4° 49' 17	Área a las afueras de la población, pero cerca del centro con todos los servicios (llenado y vaciado y luz) y gratuita. Algo ruidosa por la mañana.

LUGAR	COORDS.	OBSERVACIONES
Metz	N 49° 07' 26" E 6° 10' 07"	Área gratuita con 10 plazas, aunque está al lado de un parking con más sitio. Servicios gratuitos sin luz. En la misma puerta del camping y muy cerca del centro. WiFi gratis pero hay que pedir la clave en la Oficina de Turismo.
Luxemburgo	N 49° 46' 58" E 6° 07' 20"	Aparcamos en esta zona más tarde de las 18 horas cuando la ORA ya no funciona... podría ser un buen sitio para pernoctar si no estuviera prohibido. Está relativamente cerca del centro y es de fácil aparcamiento para autocaravanas largas.
Luxemburgo (Camping Bon Accueil)	N 49° 34' 08" E 6° 09' 34"	Excelente camping con todos los servicios. Nos cobran 14,20 €. Así que a este precio no merece la pena comerse la cabeza pensando en donde pernoctar. A 4 km del centro.

LUGAR	COORDS.	OBSERVACIONES
La Roche en Ardene	N 50° 11' 07" E 5° 34' 07"	Parking perfecto para pernocta, sin servicios. No dormimos allí, pero preguntamos a una de las 8 autos que había y nos dijeron que sin problema. En Bélgica no hay problema.
Rochefort y Rochefort Camping	N 50° 09' 28" E 5° 13' 33"	Parking a la entrada del pueblo. Vemos varias autocaravanas pero nos vamos al camping siguiendo las claras indicaciones. Cobran 15 € con luz, piscina, tenis, etc. y está muy bien. Ver Han sur Lesse.
Hans sur Lesse	N 50° 07' 39" E 5° 11' 15"	Parking/área de autocaravanas que permite la pernocta con vaciado y llenado de aguas por 5 € de 16 a 10 horas, 7 € las 24 horas. Próxima a Rochefort y 3 veces más barata.

LUGAR	COORDS.	OBSERVACIONES
Redu	N 50° 00' 27" E 5° 09' 30"	Es un parking en el minúsculo pueblo. Solo paramos pero parece un lugar genial para pernoctar.
Dinant	N 50° 15' 39" E4° 54' 35"	Estas son las coordenadas de un lugar al lado del río donde vemos al menos 9 autos que, por la hora, seguro que pasarán la noche. Están en el mismo centro del pueblo. Nosotros aparcamos en la calle de la estación.
Namur	N 50° 27' 28" E 4° 51' 30"	En la puerta de la ciudadela, lejos del centro del pueblo, un lugar tranquilo y junto a otras dos autos.
Hoge Veluwe (camping)	N 52° 07' 05" E 5° 52' 22"	Parking en el interior del parque natural, pequeño y no encontramos los servicios de carga y descarga, sí luz. 33 € incluye la entrada al parque y 2 personas.

LUGAR	COORDS.	OBSERVACIONES
Kampen	N 52° 33' 08" E 5° 54' 49"	Parking/área de autocaravanas gratuita cerca del centro, con baños y duchas (puerta con clave 6120), pernoctamos sin problemas junto a otras 20 autos.
Giethoorn (área)	N 52° 43' 16" E 6° 04' 26"	Es el área más famosa, hay que cruzar el puente. Tiene todos los servicios pero queda un poco alejada del centro. Hay otras áreas indicadas convenientemente en la N334.
Giethoorn parking	N 52° 43' 17" E 6°, 05', 11"	Comemos en este parking junto a varias autocaravanas y autobuses, está muy cerca de la zona que hay que visitar... aunque, al estar en Holanda y habiendo varias áreas en la población, dudo que permitan la pernocta... es un lugar perfecto para la visita.

LUGAR	COORDS.	OBSERVACIONES
Gran Dique - Afsluitdijk	 N 53° 04' 32 E 5° 20' 12"	Cuidado con el acceso, hay que salirse antes de lo que indica el TomTom, pero se ve claramente. Es una explanada donde en principio está prohibido pernoctar, pero nosotros y otras 10 autos, dormimos sin problemas.
Den Helder	 N 52° 57' 44" E 4° 46' 12"	Parking detrás del museo de la marina, nosotros aparcamos para visitar la Isla Texel, había varias autos y es posible que se pueda pernoctar sin problemas.
Alkmaar	 N 52° 38' 13" E 4° 45' 04"	Sólo aparcamiento con ORA y cerca del centro y de un Lidl.
Volendam	 N 52° 29' 23" E 5° 03' 37"	Área con todos los servicios y con acceso automático, muy cómoda. 16,50 € con dos personas. Con acceso por barco a Marken desde el puerto.

LUGAR	COORDS.	OBSERVACIONES
Edam	N 52° 30' 39" E 5° 03' 04"	Nosotros aparcamos en una calle cercana, aunque la posición es de donde vimos unas autocaravanas al lado de un canal.
Marken	N 52° 27' 22" E 5° 06' 18"	Este es el aparcamiento que encuentras a la entrada. 10 € por 24 horas pero NO SE PUEDE PERNOCTAR... sin comentarios. Nosotros aparcamos en el dique (N 52° 26' 49", E 5° 05' 40") y nos acercamos en bicicleta, el pueblo se ve en media hora.
Amsterdam (camping Vliegenbos)	N 52° 23' 23" E 4° 55' 36"	Camping con servicios. Hay que llegar pronto por la mañana. En las cercanías hay autos aparcadas, no sé si para pernoctar pero una opción podría ser dormir en Volendam, venir a esta zona (elipse pequeña), aparcar y cruzar en el ferry que en 10 minutos te pone en el centro.

LUGAR	COORDS.	OBSERVACIONES
Leiden	 N 52° 09' 60 E 4° 29' 14"	Parking al lado del molino, pero lleno de coches y alguna autocaravana. Nosotros aparcamos en una calle cercana pagando ORA: N 52° 10' 00", E 4° 29' 10"
Gouda 	 N 52° 00' 41" E 4° 42' 58"	Parking/área en el parking Klein America, bien señalizado con carga y descarga de agua por 7 € las 24 horas.
Utrech	 N 52° 05' 07" E 5° 06' 16"	Parking de pago en Jaarbeurs P3 carísimo a 3 € la hora y tarifan por horas completas, así que cuidado con pasarse unos minutos. No vemos demasiados sitios para aparcar y nos metemos a que nos sableen.
Ablasserdam / Kinderdijk 	 N 51° 51' 40" E 4° 39' 27"	Parking/área gratuitacon 14 plazas, además echan a la gente en cuanto está lleno, pero se puede aparcar en el acceso sin problemas, como hacemos nosotros y otras 4 autos.

LUGAR	COORDS.	OBSERVACIONES
Kinderdijk parking	N 51° 53' 19" E 4° 38' 13"	A la entrada de los molinos a la derecha, cuesta 5 € la jornada sin posibilidad de pernocta... pero no estás más de 2 horas... los coches pagan 1 €.
Dique Oostercheldekering	N 51° 38' 26" E 3°, 42' 31"	Gran zona de aparcamiento con pernocta prohibida, al otro lado del dique y del DeltaPark donde cobran 6,50. Imagina-mos que la pernocta es posible, pero con dudas... aunque toda la región está llena de autocaravanas.
Amberes	N 51° 13' 21" E 4° 23' 16"	Aparcamos en las inmediaciones de este parking (N 51° 13' 25", E 4° 23' 14"). Hay Camping cerca (N51° 14' 00", E4° 23' 30").
Lovaina	N 50° 52' 25" E 4° 43' 11"	Aparcamiento alejado del centro y al lado de las vías del tren. Lo recomendaban en un relato. Solo aparcamos, pero no está mal para pernoctar.

LUGARES DE PARADA Y PERNOCTA

LUGAR	COORDS.	OBSERVACIONES
Bruselas (camping Grinbergen)	 N 50° 56' 05" E 4° 22' 56"	Camping en Grinbergen, conectado por autobús con Bruselas. Dormimos aquí y por la mañana vamos al lado del Atomium y aparcamos allí sin problemas.
Bruselas (área Grinbergen)	 N 50° 55' 55" E 4° 22' 11"	Área de autocaravanas gratuita sin servicios donde hay al menos 10 autos, pero como tenemos que descargar nos vamos al camping, si no, nos habríamos quedado aquí.
Bruselas Atomium 	 N 50° 53' 37" E 4° 20' 24"	Cualquiera de las avenidas de alrededor del Atomium son buenos lugares de pernocta. hay muchas autocaravanas y está perfectamente conectado con el centro por metro y tranvía.
Gante parking 	 N 51° 02' 42" E 3° 42' 12"	Dormimos en este parking, junto a otras 5 autos, relativamente cerca del centro.

Benelux en Autocaravana

LUGAR	COORDS.	OBSERVACIONES
Gante parking oeste	N 51° 02' 16" E3° 46' 05"	Alejado del centro pero conectado con tranvía. Hay varias autos.
Brujas	N 51° 11' 46" E 3° 13' 33"	Hay dos áreas, una frente a la otra: para dormir y para visitar la ciudad. La de dormir (22,5 €) suele estar llena, así que conviene llegar pronto.
Beaugency	N 47° 46' 46" E 1° 38' 11"	Área no sabemos si de pago o gratuita ya que el aparato está estropeado. Es grande pero está completamente llena, salvo un hueco para nosotros. Cerca del centro del pueblo y a orillas del Loira.
Ondres Plage	N 43° 34' 35" W 1° 29' 12"	Área en el borde de la playa con carga y descarga de aguas. La noche son 9 € y está llenísima. Te puedes quedar fuera pero por la mañana pasa el guarda y cobra.

NUESTRO VIAJE DÍA A DÍA

En este apartado incluimos nuestro diario de viaje. Hemos intentado ir al grano, proporcionando opiniones o vivencias del viaje que pueden ayudar a la hora de decidir si visitar un determinado lugar o no. Lógicamente son opiniones subjetivas, así lo que a nosotros no nos resultó interesante a otro le podrá parecer una maravilla... así que en todo caso, intentamos que este apartado sea, al menos, entretenido.

Toda la información sobre lugares de parada y pernocta está en el capítulo anterior, aunque aquí se repiten las coordenadas para una mayor facilidad de uso. La información de los lugares y la información histórica están en los capítulos posteriores. Esperamos que de esta manera sea más fácil y práctico el manejo de este texto.

DÍA 1: ALBACETE ⇒ ALMANSA

Salimos de Albacete el 29 de julio de 2010, lo digo para que sirva de referencia a lo largo del texto en cuanto a precios, tiempo y gente en los destinos. El viaje durará hasta el 20 ó 25 de agosto, no es el mejor mes, pero no podemos otro.

Salimos por la noche rumbo a Almansa ya que tenemos que hacer unas gestiones en el Hospital. Por este motivo pernoctamos en N 38° 52' 14", W 1° 05' 30", está casi en el centro de la localidad, cerca del castillo.

Hace mucho calor... planificamos el viaje de mañana que, en principio, nos llevará a algún camping en Blanes, donde esperamos poder pasar unos días de relax. No lo reservamos porque nos dijeron que no suele haber problemas y así tenemos aún más libertad.

DÍA 2: ALMANSA ⇒ BLANES

A las 10:30 salimos rumbo a la Costa Brava. Antes pararemos en Chiva (Valencia) a comprar la junta superior del cassette del WC. Comemos un bocadillo y terminamos el viaje. Hay mucho tráfico y vamos llamando a los campings (hay muchos en Blanes) para confirmar que tienen salida a la playa y piscina. Nos decidimos por el Camping El Pinar (N 41° 39' 20", E 2° 46'42").

Cuando llegamos, elegimos una parcela un poco apartada del mogollón. El camping está hasta arriba (sobre todo de holandeses) y, aunque nos ofrecen una parcela en primera línea de playa, nos decidimos por una en un borde, al lado de la calle que lleva a la playa y pensamos que será tranquila. La gente del camping es muy simpática y atenta, sobre todo un chaval llamado Javi que es muy eficiente... pero claro, pagando 36 € la noche (como una junta de WC) ya pueden ser atentos...

Nos damos una vuelta por el camping, nos alegramos de tener autocaravana en vez de caravana y nos volvemos a "La Casita" como ha bautizado Daniel a la Autocaravana. Durante la noche parece que al otro lado de la valla del camping siempre hay lío... y es bastante ruidosa hasta altas horas de la madrugada.

DÍA 3: BLANES

Día dedicado exclusivamente a hacer el perro. Nos levantamos, desayunamos y nos vamos a la playa, estrecha y con la arena tan gruesa que hace daño en las plantas de los pies. Además, probablemente por el terrible invierno, no queda prácticamente playa. El agua está genial y Daniel se divierte un montón, pero antes de comer decidimos ir a la piscina. Excelente decisión, está genial, así que esta tarde no habrá mar y nos vendremos a la piscina, tras una conveniente siesta.

Antes de cenar, y todavía con luz, nos vamos con las bicis a dar un paseo por el paseo marítimo de Blanes. Es el típico centro de turismo que no nos apasiona, pero qué le van a hacer, tienen que vivir de esto todo el año. Hay mucha gente y aunque el carril bici ha estado genial, se corta de repente y sin más. Nos damos un paseíto andando y nos volvemos a La Casita. Aunque Daniel parece estar cansadísimo, lucha por dormirse un buen rato.

DÍA 4: BLANES ⇒ TOURNON SUR RHÔNE

Nos levantamos, desayunamos y Teresa y Daniel se van a la piscina. Alberto se queda recogiendo, limpiando, vaciando, etc. Va a pagar y una vez pagado pregunta que si se puede cargar agua y le ponen mala cara, pero le dicen que sí. Queremos vaciar las aguas grises y no tienen un lugar adecuado para ello: hay que hacerlo en el lavacoches y "gastarse un eurillo para dejarlo todo limpio" en palabras de la recepcionista. No queremos discutir… pero que no tengan un lugar adecuado, cobrando 72 € por dos noches, es increíble, y que encima nos tengamos que gastar 1 € porque ellos no lo tienen montado adecuadamente, más.

A las 15:30 salimos hacia Francia, queremos aprovechar la siesta de Daniel para quemar cuantos más kilómetros mejor. A las 16 horas pasamos la frontera y de golpe y porrazo se nubla, además poco después comienza a llover. Daniel se despierta a las 18, paramos en un área (no llueve) donde coincidimos con otro autocaravanista español que tiene intención de hacer el mismo viaje que nosotros (a lo mejor nos encontramos más adelante) y, gracias a "Dora la Exploradora" podremos hacer unos cuantos kilómetros más. A las 21 horas, y gracias a la guía de áreas de autocaravanas de Francia que cito en la introducción, nos dirigimos a Tournon Sur Rhône (el Ródano es un río impresionante que cruzamos por un larguísimo puente). La localidad se encuentra a unos pocos kilómetros al norte de Valence. La guía no falla (N 45° 04' 24", E 4° 49' 17, por cierto, que hace pocos kilómetros que pasamos 45° de latitud norte), damos con ella y nos unimos a las otras 12 autocaravanas que ya están completamente apagadas. Llueve copiosamente. El área está genial, todo gratis, la luz y el agua también (igual que algunos campings españoles, a ver cuando aprenderán, así que haremos gasto en el pueblo), pero está un poco apartada, aunque se puede ir andando perfectamente al centro.

Llevamos ya dos cargas de combustible (Albacete 70 €, Blanes 90 €) y unos 50 € sólo de peajes en Francia, los peajes de España, no los contaremos… Además de 72 € de camping y 47 € de la junta del WC y de líquido para limpiarlo… para que luego digan que viajar con autocaravana es barato.

Ya entrada la noche aún llegó alguna autocaravana más, pero cuando nosotros amanecemos, sólo quedamos 3 autocaravanas. El sitio está bien, pero ha habido movimiento: a las 6 de la mañana han comenzado los ruidos. El área está al lado de una empresa de materiales de construcción y no sé si han sido ellos o qué… una de las veces era el camión de la basura… después las autocaravanas que iban abandonando el área…

DÍA 5: TOURNON SUR RHÔNE ⇒ METZ

A las 10 Alberto está con su bici buscando una panadería donde comprar el desayuno. Sólo encuentra una en el centro del pueblo, que por cierto es bastante mono: calles estrechas, el Ródano inmenso en medio, iglesia defensiva, restos de murallas. Compra unos *croissants*, unos brioches y una *beignet* rellena de mermelada de manzana y un *pain au chocolait*.

Preparamos las bicis y nos damos un paseo hasta las 12. A Daniel le encanta el río, que primero confunde con el mar… paseamos por el centro (parece una ciudad fantasma, es lunes por la mañana y está casi todo cerrado), cruzamos el río y volvemos al área por el paseo junto al mismo. El gasoil está a 1,15 € y visto que en la autopista lo normal era 1,30 €, decidimos llenar el depósito aunque no hace falta… así hacemos gasto junto al área.

Salimos dirección Luxemburgo pasando por Lyon. Pero hay un tapón (el TomTom nos lleva por el centro) que nos hace perder más de media hora. No será mucho y enseguida podemos parar en un área de la autopista a comer. Llueve copiosamente. A las 15:30 aproximadamente ya estamos en ruta, queremos intentar llegar lo más cerca de la frontera con Luxemburgo.

Los carteles de la carretera indican Verdún (entre otros destinos) lo que nos recuerda que en esta zona murieron cientos de miles de personas entre la primera (en la durísima y cruel guerra de trincheras en las que se usaba a los soldados como carne de cañón para ganar unos pocos metros) y la segunda guerra mundial (más de 75,000 americanos murieron en esta región). Es sorprendente que el mundo siga sin aprender y continúe rearmándose cada día más, cada vez más y con más mortíferas armas, España incluida siendo uno de los mayores exportadores de armas del mundo. Y que, a pesar de la crisis y de haber suspendido muchas de las obras públicas puestas en marcha, no ha reducido la inversión en armamento, como la compra de 24 helicópteros Tigre (que se fabrican en Albacete) y que costarán la friolera de 1400 millones de euros.

Nuestro destino, Metz, es capital de la Lorena, que junto con la región de la Alsacia tuvieron mucho que ver en el origen de la Primera Guerra Mundial. De camino llamamos a la Oficina de Turismo de Luxemburgo y nos dicen que está prohibido pernoctar en la ciudad, que sólo en los campings. Así que miramos la guía de áreas de Francia y en Metz dice que hay una con 10 plazas y servicios, todo gratis.

Llegamos a Metz a eso de las 21 horas, tras casi otros 500 km y unos 50 € de peajes. Menos mal que desde Nancy hasta Luxemburgo ya no hay que pagar… pero se nota en la calidad del asfalto.

El área de autocaravanas de Metz (N 49° 07' 26", E 6° 10' 07") está justo a la entrada del Camping Municipal, el acceso está justo al lado de la puerta... nos sorprende que esto sea así, en España esto es impensable. Hay 10 plazas reservadas, aunque es un amplio parking en el que hay más de 30 autocaravanas en la orilla del río. Conectamos el ordenador y detectamos un *hotspot* pero al conectar pide una clave, pero dice que el acceso es gratis. Mañana preguntaremos en el Camping o en la Oficina de Turismo. El área tiene para vaciar y tomar agua, pero el grifo es de los de apretar y su boca no tiene rosca, ya veremos si cargamos o no... ya que no nos hace falta, todavía somos autónomos dos días más.

Como todavía hay luz, aprovechamos para dar un breve paseo. El área está cerca del centro y en pocos minutos nos plantamos en la confluencia de los ríos Mosselle y Mosela. Poco después de salir de la calle del área, hay un búnker abandonado y vallado, casi tapado por la espesura de la vegetación, pero hay carteles en los que se indica que el paso está prohibido, zona militar. Más adelante, hay una iglesia iluminada (Temple Neuf) en una isla y la vista es preciosa. En esa misma isla se conserva el teatro más antiguo de Francia todavía en uso. Pero para llegar, yendo por la Rue du Pont des Morts y antes de cruzar el Pont Moyen se cruza una zona repleta de kebaps y tiendas de comida para llevar, incluso algún restaurante, pero también gente que nos ofrece hachís y otras cosas que no entendemos.

Volvemos a la autocaravana, cenamos y planeamos la ruta de mañana. Tendremos que madrugar para ir a comprar el desayuno a una *patissier* que hemos visto en el paseo... y esperamos que no llueva, como está haciendo ahora desde hace ya más de media hora.

DÍA 6: METZ ⇒ LUXEMBURGO

Alberto se va al centro de Metz a buscar el desayuno. También a la Oficina de Turismo a preguntar por la WiFi y le dan un usuario y una clave. Los croissants estaban buenísimos, pero la WiFi se corta cada poco tiempo y tienes que estar metiendo la clave y el usuario cada dos por tres... pero funciona. Buscamos información sobre lugares de pernocta en Luxemburgo en ACPasión, pero no encontramos nada, además, como se corta todo el rato es muy pesado.

Damos un paseo en bici de más de dos horas y, por tanto, le hemos dado un buen repaso a la ciudad que nos ha sorprendido gratamente. Es una ciudad que no hubiésemos visitado nunca y que ha merecido la pena. El entorno es precioso con los ríos, las islas, los barcos, los cisnes, etc. Además nos ha hecho muy bueno y eso ayuda.

Comemos en la autocaravana antes de salir rumbo a Echternach en Luxemburgo, aprovechamos y llenamos el depósito a 1,20 € el litro... al final 97 € sólo del gasoil. Nada más entrar en Luxemburgo nos sorprende que los camiones acuden a las gasolineras como las cebras al agua de la sabana africana en los documentales de La 2. Nos tememos lo peor...

el gasoil tiene precio único en Luxemburgo, no queremos ni verlo, ¡noooo! A 0,976 €, tanto en el pueblo más alejado del mundo como en la capital. Eso nos pasa por no informarnos y por llenar el depósito.

Pasamos Luxemburgo y tomamos la N11 hasta Echternach, de allí cruzamos a Alemania y tomamos la L1 que trascurre en paralelo a la N10, ésta por Luxemburgo y puedes pasar de una a otra en cualquiera de los múltiples puentes, a un lado Luxemburgo, al otro Alemania. En un momento dado el TomTom nos desvía por la N19A (por Hoesdorf) que aunque da miedo por su estrechura, es bastante bonita, en algunos momentos casi se hace de noche por la espesura de los árboles que cubren la carretera.

Los pueblos son casas sueltas rodeadas de un espesísimo bosque. Llegamos a Vianden que es muy pintoresco, además tiene un imponente castillo desde el cual las vistas deben ser impresionantes. Pero como Daniel sigue durmiendo, ni siquiera paramos y decidimos poner rumbo a Luxemburgo y ver qué nos encontramos. No tenemos ninguna información, salvo que no se puede pernoctar nada más que en los campings... El centro es pequeño e intentamos aparcar cerca de la estación de trenes, pero es imposible. Finalmente aparcamos en N 49° 46' 58", E 6° 07' 20" que tiene ORA pero que no funciona a partir de las 18. Sería un buen lugar para dormir, ya que la ORA no comienza hasta las 8 de la mañana y, madrugando, podría estar bien. Ya hicimos algo parecido el año pasado en Paris. Para organizarnos llamamos al camping más cercano y nos dicen que tienen sitio y que el precio es de 19,75 € por la autocaravana y dos personas, además está abierto hasta las 10 de la noche. Así que tenemos tiempo de sobra para visitar la ciudad con las bicis y llegar al camping. Por cierto que las calles son amplias así que no hay problema en callejear un poco, hasta la calle más estrecha permite el paso holgado de la autocaravana.

La ciudad nos recuerda a Edimburgo: la Royal Mile y los jardines a los pies del castillo. Lógicamente es diferente, pero los dos hemos pensado en la misma ciudad. En el mirador de la Plaza de la Constitución hay un par de autocaravanas pequeñas, pero no nos meteríamos ahí ni locos. Como hemos dicho el centro es pequeño, todo peatonal y prácticamente lo recorremos entero, hasta el mirador que hay a la otra punta. No se ve demasiado, pero ya que estamos... También nos animamos a bajar casi hasta el fondo del valle que separa el centro del resto de la ciudad. La cuesta de subida es dura, así que nos ganaremos la cena. El paseo ha sido intenso y nos ha gustado bastante.

Antes de las 21:30 estamos en el camping (N 49° 34' 08", E 6° 09' 34" al sur de la ciudad a unos 4 km del centro) donde nos cobran 14,20 € en vez de lo que me habían dicho. El camping está muy bien: parcelas amplias y de césped y, lo que más le gusta a Daniel, un par de grupos de columpios qué más quisieran muchas localidades españolas. Es un entorno tranquilo y a este precio, incluso por los 20 € que nos pidieron por teléfono, merece la pena.

Antes de acostarnos planificamos la ruta de mañana, que esperemos que nos lleve a Bouillon, Dinant, Namur, Lieja, etc.

DÍA 7: LUXEMBURGO ⇒ ROCHEFORT

Ha sido una noche fresca y tranquila. Desayunamos los croissants que nos sobraron ayer, calentitos al horno están buenísimos. Recogemos, cargamos y descargamos todo y salimos con dirección Bouillon.

El gasoil en Bélgica vuelve a precios de Francia; las carreteras están relativamente bien, vamos por la autopista y la carretera que nos llevará a Bouillon es de doble carril para cada sentido pero con cruces, y éstos sin limitación de velocidad, así que pasas a 90 km/h por cruces bastante peligrosos que en algunas ocasiones dan acceso a pequeños caminos asfaltados.

Entramos en Bouillon por la N828, por el sur. Cerca del centro, a unos 700 m, encontramos una autocaravana aparcada y decidimos ponernos detrás de ella (calle Faubourg de France). Es antes del cruce que da acceso al túnel que pasa por debajo del castillo, principal atractivo del pueblo por ser "uno de los más grandes de Europa". Con todo lo que hemos hecho en el camping antes de salir, y que no somos los más madrugadores de Luxemburgo, son casi las 13:30, y con Daniel en su mochila que lleva Teresa, cruzamos el túnel siguiendo las indicaciones hacia el castillo. Encontramos unas escaleras que suben directamente a la puerta. El castillo está construido sobre un cortado, en un meandro del río. Es imponente y perfectamente diseñado para ser inexpugnable. La entrada son 5,90 € e incluye un espectáculo de rapaces a las 14. Merece la pena, las vistas son espectaculares y el castillo, aun no siendo tan grande como imaginábamos, sí que estará entre los 1.000 más grandes de Europa, y es muy curiosa su estructura en varias mini fortalezas con puentes levadizos. El espectáculo de rapaces está bastante bien. Bajamos por el otro lado del castillo disfrutando de las vistas.

Comemos y aprovechando la siesta de Daniel. Nos dirigimos a Redu, pero está muy cerca y queremos que Daniel duerma al menos una hora, así que modificamos la ruta y nos dirigimos a La Roche en Ardenne. Las calles de Bouillon son estrechas y de un solo sentido, pero suficientemente grandes como para que pase un trailer (lo vemos pasar con muchas dificultades, pero pasa).

El camino es precioso, los densísimos y verdísimos bosques, con algún que otro prado con vacas nos muestra el lado más rural de Bélgica: pequeñas aldeas en medio de la nada y de cuatro casas. Nos sorprende que en medio de esa nada te puedes encontrar un restaurante chino, una tienda de bicicletas, una panadería o un concesionario de coches... incluso una gigantesca fábrica de L'oreal (porque yo lo valgo) en las inmediaciones de Recogne, por cierto, que al volver miré en Internet y al parecer la fábrica utiliza como fuente de energía los excrementos de vaca. Por el tamaño, aquí deben de hacer todos los geles y los champús de la marca.

Nada más entrar en La Roche en Ardenne ya hay carteles que nos recuerdan la terrible batalla que se libró en esta región. Sobrecoge encontrar en todos los pueblos, en cada aldea, un monumento a las víctimas de las dos guerras mundiales. Da miedo y no hace más que confirmar nuestras ya firmes convicciones pacifistas.

Nada más entrar en el pueblo y antes de llegar a la gran rotonda que hay en la plaza, encontramos un buen hueco para aparcar, entrando por la N89, Rue De Beausaint. Nada más bajarnos de la autocaravana, comienza a llover, pero armados de chubasqueros y paraguas, y de bastante moral, comenzamos el paseo. En la rotonda hay una inmensa tienda que vende de todo, también cervezas y licores, pero muy cara. El pueblo está mono, hay animación, aun siendo ya casi las 5 y media de la tarde. La lluvia es molesta y entramos en un supermercado

Spar que hay en la calle principal. Cuando a las puertas del castillo, acaban de cerrar. Nos está pasando lo mismo que cuando visitamos Francia, vamos con el horario español y aquí a las 18:30 ya está todo el mundo cenando en su casa. Es una pena, aunque el castillo es menos imponente que el de Bouillon, las vistas desde sus torres sí que deben serlo. Sigue lloviendo, así que nos damos un breve paseo por el borde del río.

Decidimos acercarnos a Durbuy, "la ciudad más pequeña de Europa". En el TomTom aparece en mayúsculas con el mismo nivel que una ciudad. Pero antes, al salir de La Roche por la N833, Rue Du Chalet, desde el cruce con la N820, Avenue Du Hadja, que está presidido por un tanque americano, Teresa ve una zona con muchas autocaravanas. Decidimos volver e informarnos sobre esa zona, si es un camping o qué. En el TomTom figura como un parking (N 50° 11' 07", E 5° 34' 07") y hay unas 8 autocaravanas. Preguntamos en una de ellas, que tiene el toldo extendido y están encendiendo una barbacoa, y nos dice que se puede pernoctar sin problema.

En Durbuy hay 4 parkings bien señalizados, pero es tarde y queremos llegar a nuestro destino. Vemos que hay mucha oferta de deporte en el río. Seguimos las indicaciones hacia el "belvedere" pero es de pago (1 €) y está cerrado (para variar), el acceso es imposible en autocaravana y además en el último cruce ni lo indican… sin contar con la cuesta y la limitación de circulación a vehículos de más de 8 m por esa carretera. Es una pena, porque las vistas deben ser increíbles.

Nos vamos a Rochefort, queríamos ver la Cueva de Han sur Lesse. pero la cierran a las 16:30 y llegamos tarde. En Rochefort, accediendo por el este, N86, hay un parking (N 50° 09' 28", E 5° 13' 33") donde hay varias autocaravanas, pero decidimos seguir las indicaciones que nos llevan directamente al Camping Communal. Preguntamos y son 15 € con luz, agua, piscina, tenis, etc. Le pregunto al recepcionista que si en el parking de la entrada se puede dormir y me dice, como si nada y de forma de lo más natural, que sin problemas (me imagino esta situación en España y no puedo, es inimaginable). En fin, por ese precio y, aunque no necesitamos cargar ni descargar nada, aunque solo sea por la tranquilidad, decidimos quedarnos en el camping (ver día siguiente por si se piensa pernoctar por aquí).

Nos damos un paseo por el pueblo, hay verbena a la belga, sin comentarios. El pueblo no tiene nada de especial, así que nos volvemos al camping ya que se está haciendo tarde. El camping es grande, bien cuidado y con muchos detalles, incomparable con muchos camping españoles. Aquí todo de césped, con pistas deportivas, todo bien cuidado, con pinta de nuevo, la zona de servicios parece chulísima.

DÍA 8: ROCHEFORT ⇒ NAMUR

Se ha pasado media noche lloviendo, en algunos momentos con muchísima intensidad, pero por la mañana luce el sol. Hemos intentado madrugar un poco y, tras desayunar, vaciamos aguas grises y cargamos agua, aunque no es necesario. Visto lo visto, esta noche intentaremos ahorrarnos el camping.

Pronto llegamos a Han sur Lesse y nos sorprende encontrar un parking (N 50° 07' 39", E 5° 11' 15") a la entrada que permite la pernocta por sólo 5 € (de 16 a 10 horas), después te cobran 2,5 € de 10 a 16 horas, por 7 € puedes estar 24 horas y tienen para cargar y descargar aguas grises. Si lo hubiésemos sabido anoche habríamos venido aquí directamente.

Vamos al centro del pueblo donde está la recepción de la cueva. La entrada cuesta 11,75 € por personas e incluye un tranvía hasta la entrada de la cueva a un par de kilómetros.

En la puerta hacen grupos y nos toca con un guía que hará la visita en francés e inglés, este idioma sólo para unos alemanes, otros americanos y para nosotros. Es muy atento y se esfuerza por darnos conversación e irnos enseñando detalles que no muestra al resto del grupo. Es el guía más veterano y tiene pinta de ser un viejo montañero/espeleólogo. No tarda en confirmarme esta hipótesis cuando nos cuenta que hace poco que ha estado en Polonia de escalada.

La visita dura más de 2 horas entre el tranvía y la cueva de la que te muestran 2 km. Se hace un poco larga y Daniel se duerme en la mochila que lleva Teresa. Hay algunas cámaras realmente grandes con estalactitas y estalagmitas bastante impresionantes. Si dividimos la cueva en tres partes, la primera está muy trillada, es el destino turístico más antiguo de Bélgica.

La segunda parte contiene las salas más impresionantes en cuanto a su belleza y riqueza geológica, aunque algunos musgos, fruto de la sobreexplotación e iluminación de la cueva, afean un poco. La tercera parte contiene las salas más grandes pero las que menos formaciones tienen; para terminar la visita sobre un puente sobre el río Lesse que nace en esta cueva. Al parecer, por relatos de otros autocaravanistas, antes se acababa en barca, ahora se hace por el puente. Al final de la visita, el guía pide una propina. A la salida hay un gran parque con columpios que vuelven loco a Daniel. No visitamos el "espeleogame" que también incluye la entrada. Otras cuevas son más baratas pero no te llevan en tranvía, por ejemplo, aunque a lo mejor no sabemos si son más espectaculares que ésta, pero creemos que ha merecido la pena.

Son las 13 horas y nos vamos a Redu (pueblo que no visitamos el día anterior por su cercanía a Bouillon), un pequeño pueblo famoso por sus librerías. Llegamos con más hambre que el perro de un ciego y sin pan. El pueblo no tiene más de 50 casas, todas de piedra y hemos llegado a él a través de carreteras preciosas, todas rodeadas de árboles. Hay un parking donde encontramos 4 autocaravanas y allí nos quedamos, alguna, me parece que ha pernoctado aquí, tiene pinta de ser un lugar sumamente tranquilo (N 50° 00' 27", E 5° 09' 30"). Damos buena cuenta de una selección de quesos belgas, holandeses y alguno francés: Mimolette, Bouquet des Moines, Chimay, Le Vieux Pané, Basiro Pesto (que es verde), Nazarhé y Gouda.

Daniel se duerme y Teresa se va a dar un paseo por el pueblo. Compra un librillo de Dora la Exploradora que a Daniel le encanta. Al final vuelve porque se pone a llover y aprovecharemos la siesta para acercarnos a Celles. Al parecer es uno de los "pueblos más bonitos de Bélgica" pero como Daniel sigue durmiendo, no queremos despertarlo, así que comprobamos que es un pueblo con casas de piedra rodeado de bosques y que cuenta con dos castillos en sus cercanías, pero que no se ven ya que el bosque es tan espeso y tan alto que lo tapa todo, aún así nos acercamos al Castillo de Vêves, pero tampoco bajamos.

Finalmente nos dirigimos a Dinant, en vez de tomar la autovía, vamos por carreteras secundarias, pero al final acabamos un poco cansados de ir por un túnel de árboles que no dejan ver demasiado. Dinant está encajonada a los dos lados del Río Meusse. Para llegar por el sur por la N95 hay un punto en el que la carretera se divide y hay que conducir por un estrecho paso de 2,7 m, hay espacio de sobra, pero impresiona. A unos 100 m sobre el pueblo, en lo alto de una roca está el castillo/ciudadela. Aparcamos frente a la estación de tren, pero vemos que en la margen izquierda del río (N 50º 15' 39", E4º 54' 35") hay 7 autocaravanas que, tras finalizar la visita siguen allí y pensamos que pasarán la noche al borde del río, es un sitio tranquilo.

La visita a la ciudadela son 7 € por adulto pero incluye la subida en teleférico. Nosotros optamos por los 408 escalones, altos escalones, que salvan el desnivel: las escaleras son para subirlas, ya bajaremos en teleférico que a Daniel le vuelve loco. La visita de la fortaleza, que no tiene mucho, se ha de hacer con guía (en francés o en flamenco)… un poco largo y aburrido, aunque cuenta cosas interesantes sobre la ocupación francesa, la primera y segunda guerras mundiales, la principal misión del fuerte de vigilar el puente, que en Dinant nació Adolf Sax (inventor del saxofón), etc. Al final el guía pide la voluntad… la verdad que no se lo merece, no nos ha hecho ni caso; la entrada costó 7 €. La visita, en conjunto, ha merecido la pena sobre todo porque las vistas son espectaculares. El teleférico nos deja en la base del precipicio al lado de la torre de tipo bulbo de la catedral del pueblo. Compramos una de las famosas "couques" o galletas gigantes que hacen cristalizando miel en el proceso de cocción. Nos clavan 3 € por una galleta, eso sí, es bastante grande, aunque más dura que una piedra, pero hay que probarlas. En Dinant también está el Monasterio de Leffe, origen de la famosa cerveza.

Seguimos el río Meusse hasta Namur. Antes paramos en Wépion, famoso por sus fresas y nos sorprende encontrar, ya a las 20 horas, puestos en la carretera abiertos. Compramos medio kilo por 4 €… pero son fresas de verdad, están de foto y huelen como deben oler las fresas. Seguimos en todo momento la carretera al borde del río y merece la pena, el paisaje es precioso.

No sabemos dónde dormiremos, pero en el TomTom tenemos un punto cerca del castillo/ciudadela. En la explanada donde está el acceso. Hay otras 2 autocaravanas: una inglesa y otra belga (N 50° 27' 28", E 4° 51' 30"). Al conductor de esta última le preguntamos que si se puede dormir y nos dice, sorprendido, que claro, lo que parece volver a confirmarnos que no hay problema en pernoctar en cualquier sitio. Así es, en Bélgica no hay problema.

Confirmado nuestro lugar de pernocta, bajamos al pueblo a dar un paseo. Está desierto, así que aparcamos sin problemas. Damos un paseo por el centro antiguo, que de antiguo tiene poco, no es gran cosa. En un puesto de la calle, compramos un cucurucho de las famosas "frites" belgas, que según dijo el guía de la cueva por la mañana, estaban tan buenas porque se freían en grasa de vaca en vez de en aceite… suena tentador… así que nos hacemos con un cucurucho que no llega a la autocaravana. Estaban muy buenas.

El lugar de pernocta, como hemos indicado en el acceso a la ciudadela, parece tranquilo, aunque de vez en cuando pasa algún coche que parece estar haciendo una carrera. Además en la explanada hay un circo, por lo que no dormiremos solos. Mañana decidiremos si visitamos la ciudadela o no, son otros 9 € y no por dinero, sino porque si la visita es guiada, no queremos tener que tragarnos otra hora y media de flamenco (que no de baile flamenco, chiste fácil).

Para cenar nos ponemos de fresas como el kiko, a Daniel le chiflan, a Teresa le parecen las mejores que ha comido nunca.

DÍA 9: NAMUR ⇒ PARQUE NACIONAL DE HOGE VELUWE

La noche ha sido tranquilísima. Desayunamos, nos preparamos y nos acercamos a la entrada de la ciudadela donde hay un mapa y vemos que es bastante grande. Como ya hemos visto la de Dinant y nos hemos saturado un poco, decidimos no entrar y así avanzar un poco. Nos asomamos a un mirador que hay cerca de la entrada y nos vamos.

Hoy ha sido un día raro, de esos que se podrían llamar de transición, sin nada en especial y con bastantes fallos de cálculo. Hemos llegado a Lieja a eso de las 12 y el TomTom nos ha llevado hasta lo que debía ser la Oficina de Turismo pero que aunque nos han dado un mapa, no era una oficina de información. La "suerte" es que hemos podido aparcar en la puerta. Una vez pagado el ticket de la ORA (1,5 € y un máximo de una hora y media, bastante caro, vaya) nos damos cuenta de que había un hueco de 8 metros porque era una zona de carga y descarga. Ya estábamos preparados con Daniel en su mochila, mapa, cámara de fotos, etc. Preguntamos y nos dicen que no se puede aparcar… ¡genial! Teresa se va con Daniel hacia el centro y Alberto va hacia un parking en superficie, al parecer muy grande, tal y como nos dicen en "turismo", pero que tras callejear un rato con nuestros 7 metros largos, no existe y en su lugar están construyendo un bloque de pisos, pero puede aparcar delante de un colegio. El ticket es hasta las 14:30, así que va en busca del otro 66 % de la familia. Nos cuesta un montón contactar por teléfono y al poco se corta (gracias Vodafone), nueva llamada y quedamos en la Plaza de la Ópera. Nos damos una vuelta por el centro, calles peatonales; la ciudad es cómoda y resulta agradable el paseo. Nos acercamos al río y vemos los puentes.

En la parte alta de la ciudad hay una ciudadela, no hartos de fortificaciones, decidimos subir por la interminable escalera de más de 400 escalones. Antes de empezar, necesitamos tomar fuerzas, así que Alberto vuelve a una *friterie* que hemos visto hace un rato. Entre ir, la cola, que preparen la comida, etc, cuando llega a la escalera Teresa va por el tramo 35 de unos 10 escalones cada tramo. A Alberto le gusta subir estas cosas, y pensamos en las numerosas casas cuyo único acceso es a través de esa escalera. Se abre una puerta, aparece una mujer y comienza a descender... y pensamos: espero que cuando llegue abajo no se acuerde de que ha dejado el agua de la bañera abierta...esta señora vive en el equivalente a un piso 14 sin ascensor.

Terminamos de subir la cuesta y el parque por el que se supone que se accede a la ciudadela está cerrado por riesgo de que caigan ramas de los árboles, aun así avanzamos un poco por una calle, cuesta arriba, que parece no llevar a ningún sitio. Hay una furgoneta grande, así que hasta aquí podemos volver con la autocaravana, por lo que decidimos bajarnos la escalerita y llegar cuanto antes a la autocaravana. ¿Se pueden subir unos 15 pisos para algo más tonto? Lo dudo, ya que ni las vistas merecen la pena.

Damos de comer a Daniel y nos dirigimos en la autocaravana a la ciudadela. Arriba hay otra ciudad, subimos por una calle empinadísima y con casas a los lados... como para salir en bici desde alguna de ellas... Cuando llegamos arriba hay un hospital, los accesos bien, pero... ni rastro de la ciudadela. Ya como algo personal, Alberto se baja y la busca en un parque. Encuentra unas ruinas cerradas, al otro lado de la interminable escalera... además están cerradas por lo de las ramas… increíble, tanto para nada… ¡ya lo podían indicar en la parte baja de la escalera!

Nos vamos a Holanda con el mal sabor de boca de tanto esfuerzo sin recompensa, aunque la ciudad baja no ha estado mal. Nos vamos de la ciudad que, según un artículo de la revista Viajes tenía "un tráfico infernal". Sí que es verdad que son más impacientes y que no ceden el paso como en otras ciudades, pero no era para nada infernal.

Pronto cruzamos la frontera y enseguida nos damos cuenta de que estamos en Holanda por las bicicletas. Se ven desde la autovía… y lo más sorprendente, en Maastricht la autopista (no sabemos muy bien por donde nos mete el TomTom) tiene semáforos para que pasen los ciclistas… también, por tanto, tiene un tapón sorprendente. Pero esto no es todo, debe ser porque es día de "operación salida" de agosto y viernes, pero los nudos de conexión entre autopistas están limitados a 50 km/h, con los consiguientes tampones.

En fin, que el viaje se alarga más de lo previsto. Vamos hacia el Parque Nacional más grande de Holanda (tampoco tiene muchos y tampoco es tan grande), el Parque de Hoge Veluwe. Llamamos al camping que hay dentro para confirmar que hay sitio y el precio (unos 20 €). Entraremos por Hoenderloo y en la entrada nos cobran 33 € (solo la entrada al Parque serían 7,5 € por persona, y en el precio pagado nos incluye además el camping con conexión a luz y el aparcamiento, pero no la entrada al museo) y podemos quedarnos hasta mañana a las 18 horas.

El camping es pequeño, pero las parcelas son suficientes, quedan pocos huecos ya que en la parte de las caravanas y las autocaravanas hay algunas tiendas que deberían estar en su zona. Cuando aparcamos, en el hueco que encontramos, no tenemos conexión a la luz. Preguntamos por los puntos de conexión a unos italianos y nos dicen que es que están escondidos… En fin, que tenemos que echar dos prolongadores para llegar al enchufe que encontramos entre unos matorrales.

Sacamos las bicis y nos dirigimos al centro de recepción de visitantes, en el centro del parque. Enseguida encontramos un macro aparcamiento con cientos de bicicletas blancas a disposición de los visitantes, y a unos 500 metros un grupo de 9 ciervos pastando apaciblemente en la lejanía.

Mañana queremos dedicar el día al parque y descansar un poco paseando en las bicicletas, además hace frío, aun así llegamos al centro de visitantes donde hay una zona de juegos que a Daniel le encanta.

De vuelta al camping, entablamos conversación con unos españoles (*xxavi* en el foro de ACPasión). Llevan bastantes días por Holanda y nos recomiendan algunos lugares, son muy amables y nos quedamos charlando un buen rato; sin casi darnos cuenta de que hace un frío que pela. Alberto se da un paseíto nocturno por el camping, se asoma al exterior y la oscuridad de la noche, así como los ruidos que provienen del espesísimo bosque, le invitan a volver a la autocaravana. Comprueba que el camping tiene para descargar negras, pero no ve que haya para grises o cargar agua. Otra cosa para terminar. Es sorprendente el idioma holandés… es complicadísimo leer un cartel de la autopista… y ya no digamos si lo que quieres decir es el nombre de algún pueblo del norte…

DÍA 10: HOGE VELUWE ⇒ KAMPEN

Esta mañana nos lo hemos tomado con tranquilidad. Hemos desayunado, nos hemos duchado todos y hemos limpiado la autocaravana, sacudiendo las alfombras y limpiando suelos y baño. Después, aunque el cielo amenazaba lluvia, nos hemos ido hacia el norte del parque, hacia la "Teahouse" que tiene un lago, continuando hacia el oeste por la zona de dunas donde el paisaje nos recuerda a España: pinares con hierba seca y no será por falta de agua, porque al rato ha empezado a lloviznar. Hemos llegado al Museo de Kröller-Müller en el centro del parque, y tras pagar los 7,50 € por persona admiramos obras de Van Gogh, Picasso, Mondrian, Monet o Renoir. Aunque hay un buen número de piezas, no hay que esperar cuadros demasiado conocidos, pero hay cosas muy interesantes. En el exterior hay una exposición de esculturas en las que hay alguna cosa interesante, pero hay otras, como la de los troncos cortados en medio del bosque que es para morirte de risa o echarte a llorar, no sabemos. Por cierto, en el museo dejan carritos de niños así que nosotros, que nos habíamos llevado la mochila, cogemos uno. No son una pasada, pero hacen su labor; en la parte exterior, en la exposición de esculturas, hay carritos para llevar a gente mayor y que puedan darse el paseo, el jardín tiene cierto tamaño. Está lloviznando y querríamos llegar a la autocaravana sin mojarnos demasiado, así que volvemos a casa.

Pasamos junto al centro de visitantes y vemos el centro de bicicletas donde alquilan tándems, carritos para llevar perros o niños, bicicletas para llevar a una persona mayor (van con ciclista y motor) y un largo etcétera de cachivaches. Es curioso y de todos estos tipos hemos visto en nuestro paseo.

Al llegar, recogemos todo y salimos, cuando empieza a llover con fuerza, hacia Zwollen. Es una ciudad que en su centro posee la forma de la antigua muralla rodeada por un canal con barcos. Es curiosa. Aparcamos en una de las calles al otro lado del canal y visitamos el centro. Está lloviendo y además deben ser las 3 de la mañana de un martes de octubre, no hay casi nadie por las calles; realmente son las 18:30 de un sábado de agosto, increíble. Nos parece que no tiene gran cosa, nos vamos a Kampen, pero continúa lloviendo. Así que aparcamos cerca del puente levadizo, en una calle paralela al canal, ya en Kampen, para pensar...

Mientras esperamos a que deje de llover, un hombre llama a nuestra ventana. Nos dice "buenas tardes" y continúa en un perfecto inglés diciéndonos que si nos quedamos a pasar la noche allí que hay que pagar ticket, pero que si queremos dormir gratis, con duchas y aseos, que vayamos por... empieza a explicarnos la ruta y le enseñamos en el TomTom el área que tenemos en esta zona... y nos confirma que es allí. Nos insiste un montón en que vayamos allá, o que por lo menos lo tengamos en cuenta. Nuestra idea inicial era intentar llegar a Giethoorn, pero al ver que hay unas 20 autocaravanas en un parking inmenso y a un paso del centro, decidimos esperar un poco a que Daniel se despierte y visitar el pueblo. Al final le despertamos a las 19:15, merienda y sigue lloviendo... así que nos armamos de chubasqueros, carrito y plástico de lluvia y, sobre todo, de moral y nos vamos a pasear.

Es una ciudad fantasma. No hay nadie por las calles, diluvia... y los que pasan van empapados y en bicicleta. Las calles están llenas de bicicletas y el centro es muy comercial. En un momento dado, nos damos cuenta de la estupidez que estamos cometiendo. Empapados, Daniel gritando, y todo cerrado. Nos volvemos a la autocaravana, dormiremos aquí y esperamos que mañana no esté diluviando como lo hace en este momento, y aprovechamos para pensar hacia dónde iremos, en los días que nos quedan y en que tenemos mucho que ver todavía.

De camino hacia acá, echamos 50 € de combustible. El precio general en la autopista es de 1,21 €, pero luego en Zwollen la hemos visto a 1,10 €.

En el parking hay aseos pero hace falta una clave para abrir la puerta, es 6120..

DÍA 11: KAMPEN → GRAN DIQUE - AFSLUITDIJK

Ha estado diluviando de forma intermitente durante la noche. Por la mañana vamos a los aseos; hay para vaciar aguas negras pero no grises (que no nos hubiese venido mal). Desayunamos y aunque llueve muy débilmente (sirimiri) Alberto se lleva a Daniel a dar gusanitos a los patos que hay cerca y es una risa, cuando volvemos a la autocaravana se lo cuenta exaltado a Teresa.

Como la lluvia se intensifica, decidimos dirigirnos hacia Giethoorn esperando que la lluvia de un respiro, pero no. Llegamos y sigue diluviando. Nos acercamos al área de autocaravanas que tenemos en el TomTom en el lado oeste del pueblo. Por cierto, está mal la posición. Cuando dice que has llegado hay que continuar y cruzar otro puente muy estrecho y girar a la derecha. Estaba completamente embarrada y había unas 10 autocaravanas, aunque cabían muchas más. Habíamos visto bastantes huecos en la carretera principal y decidimos volver y aparcar allí y esperar a que cese un poco la lluvia.

El pueblo está invadido de autocaravanas. Al otro lado del canal hay varias aparcadas en la hierba. Antes de llegar al área que aparece en el TomTom hay indicadas otras dos que también tienen autocaravanas, hay varios parkings y en todos hay alguna.

De repente llueve con menos intensidad, así que Alberto se pone el chubasquero y va hacia lo que piensa que es el pueblo. Llega a un canal perpendicular a la carretera y que sale cerca de donde está el puente levadizo que da acceso al lado oeste. Se da un paseo casi en soledad pero pronto comienza a animarse y empieza a aparecer gente según se va yendo la lluvia. Alquilan barcas eléctricas por 15 €. También hay "cruceros" que duran casi una hora por 5 €. Miro un mapa y me parece ver que el pueblo no es más que ese canal perpendicular y un lago... En fin, sigue lloviznando y volviendo a la autocaravana, ve que cerca de la calle principal hay un parking (N 52° 43' 17", E 6°, 05', 11") con autobuses y autocaravanas, donde nos mudamos a esperar. Compramos arenques (rebozado y frito, marinado, crudo, ensalada) y patatas fritas, pensando que la lluvia no daría tregua, pero parece que deja de llover, así que ponemos a Daniel en su carro y nos vamos a ver el canal perpendicular a la carretera que se llama Hylkemaweg, pensando que eso era todo. Cuál es nuestra sorpresa, a unos 700-800 metros se abre ante nosotros un lugar de ensueño. Es lo más bonito que hemos visto en el viaje y no debe dejar de verse. Parece un cuento. Las calles son canales, hay estrechos paseos por donde pasamos, puentes y casas preciosas, con jardines muy cuidados y algo que nos llama la atención: las ventanas que dan a la calle están muy bien decoradas, que si una orquídea, que si un jarrón, que si un centro de figuras. Es una pasada. Hubiese sido interesante alquilar una de las barcas eléctricas y perderse entre los canales. Además es inmenso… no lo vemos todo, sólo la rama sur ya que queremos respetar un poco a Daniel y ya son las 14:30, no ha comido y se está durmiendo, además comienza a lloviznar de nuevo. La calle continúa hacia el norte al menos un kilómetro.

Comemos en el parking, recogemos y aprovechamos la siesta de Daniel para llegar al Parque Natural de Lauwersoog. Antes iremos a Zwaagwesteinde que Teresa lo había visto en un relato en el que un holandés se lo había recomendado a sus autores. El TomTom nos lleva por unas carreteruchas estrechísimas, pero que son una maravilla. En particular la calle/carretera Kukhernewei que trascurre por casas preciosas, al lado de un canal y que llega a un embarcadero donde hay un área de autocaravanas. A ver, lo que encontramos es una urbanización de casas preciosas, con jardines cuidadísimos., pero o no es lo que nosotros esperábamos o no hemos llegado a donde debíamos. Nos gusta porque las casas son una pasada, pero al fin y al cabo es una urbanización.

Retomamos ruta hacia el norte siguiendo por carreteras que en algunos momentos impiden el paso de dos vehículos y tenemos que apartarnos y salirnos fuera. Entre granjas y campos de cultivo, vacas, caballos, ovejas. Las granjas que encontramos en esta zona son preciosas. La vivienda tiene adosada una especie de nave gigante con tejado a dos aguas altísimo que casi llega hasta el suelo y que parece sustentado por unas paredes de no más de un metro con ventanas. Pensamos que es el lugar para almacenar la cosecha o guardar al ganado. Cada una tiene un jardín perfectamente cuidado y algunas cuentan incluso con su propio aerogenerador. Encontramos campos extensísimos de cereal, praderas donde pastan cientos de vacas… y todo sin tener que regar o temer que la sequía te lo arruine. El trayecto, largo y sinuoso, merece mucho la pena… además empezamos a ver los famosos molinos.

El parque de Lauwersoog no tiene mucho, pero sí que termina en un gran dique (lo cruzamos de este a oeste) con una estructura gigante de compuertas para controlar las mareas. La variedad de aves que podemos ver es impresionante. Paramos en un aparcamiento de carretera que cuenta con chiringuito fritanguero y subimos unas escaleras para poder asomarnos al Mar del Norte. En frente se ven las Islas Frixias y abajo, la tierra firme, al fin comprobamos por qué este país recibe el nombre de Países Bajos.

Nos dirigimos a Hindeloopen pasando por Leeuwarden. Cuando llegamos a comprobamos que hay un amplio aparcamiento a la entrada, a la derecha. No tiene demasiado, un dique, casitas monas y está anocheciendo. Queremos llegar a Stavoren, un poco más al sur, pero siguiendo la carretera paralela al dique encontramos una señal de prohibido la circulación a vehículos de más de 2,4 toneladas... así que no nos atrevemos y damos un pequeño rodeo. El pueblo tiene algo de vida, comercio y restaurantes, aunque no sabemos si merece la pena haber dado la vuelta para esto; tampoco Hindeloopen era nada del otro mundo. Sí que nos sirve para ver más casas con sus embarcaderos, canales, jardines de ensueño, etc.

Volvemos hacia el norte al Gran Dique. Un dique de 30 km de longitud y por el que se puede cruzar a través de la A7. Decidimos dormir en una zona que tenemos en el TomTom (N 53º 04' 32, E 5º 20' 12"), al principio del dique. Al llegar, el TomTom nos saca de la autopista, nos baja al otro lado del dique y allí nos encontramos con al menos 10 autocaravanas. Hay que tener cuidado ya que viniendo desde el norte, el TomTom no te saca de la autopista a tiempo ya que hay que salirse hacia el parking y meterse por una estrecha carretera que sale a la derecha, arriba del puente. Es casi de noche y no se ve demasiado de esta obra descomunal. Hay un cartel que dice cosas que preferimos no entender... acaban de llegar unos italianos y les pregunto que si entienden algo. Dicen que no, pero que lo tienen confirmado que el sitio es válido y que se quedan.

Como nos parece que, además de decir que está prohibido, es una zona que puede inundarse, Alberto se acerca a una autocaravana de holandeses a preguntar. Ellos le dicen que no se quedarán, pero uno se va con él para traducirle el cartel. Es muy simpático y van charlando de camino. Le dice que el cartel prohíbe pasar la noche ya que es un área de recreo de día, que pongas la basura en el contenedor (al fin encontramos uno, llevamos dos días buscando, y de envases ni te cuento) y le dice que él se quedaría, que en Holanda se ponen estas prohibiciones pero que nadie va a venir a molestarnos.

Nos acostamos oyendo de lejos la campana que suena muy de vez en cuando para indicar que se corta el tráfico y que se levanta el puente... esperando que no venga la policía y, sobre todo, que no suba tanto la marea como para que nos pille aquí... el terreno es muy estable, no hay barro, es de piedra, y la hierba crece por todas partes, así que imaginamos que no se inundará... no obstante, habrá que dormir con una oreja abierta por si el agua comienza a golpear nuestras ruedas. Es broma.

DÍA 12: GRAN DIQUE - AFSLUITDIJK ⇒ VOLENDAM

Hoy ha sido un día redondo. La noche ha sido de lo más tranquila... pensemos que hemos dormido en medio de mar, literalmente. Nos hemos propuesto madrugar y a las 8 ya estábamos desayunando. Aunque parezca mentira no ha llovido en toda la noche y el sol luce con fuerza, esperemos que dure.

Lo primero que hacemos es salir a ver el dique y cómo el puente giratorio, en vez de levadizo, da paso a una especie de regata con más de 20 veleros de todos los tamaños.

Nos dirigimos a Den Helder para coger el ferry a la Isla Texel, la mayor y más occidental de las islas Frixias. Antes, vemos desde la autopista, nada más terminar el gran dique, el área de Den Oever, uno de los posibles destinos ayer por la noche.

Intentamos aparcar en el parking del ferry, pero está completamente lleno, al igual que la carretera de acceso y alrededores. Teresa pregunta los horarios y le dan un mapa de la zona con un parking (N 52º 57' 43", E 4º 46' 12") al lado del Museo de la Marina, así que nos dirigimos hacia allá, donde nos encontramos 5 autocaravanas. Cogemos las bicis y tomamos uno de los ferrys que parten cada media hora y que nos cuesta 5 € por persona con la bici.

Al llegar a Texel nos dirigimos hacia Den Hoorn y la costa occidental, buscando las playas de arena blanca. Antes compramos alguna cosa en el Spar del pueblo que, junto con el jamón serrano y los quesos que compramos en La Roche en Ardene (todavía duran) nos servirán de comida. Por este lado de la isla no hay dique, pero las dunas no dejan ver el mar. Por la costa oriental, como comprobaremos a la vuelta, el dique es bastante grande. Llegamos al Parque Natural de Den Burg-Westarslag y a una playa inmensa, donde el sol y casi el calor, invitan a darse un baño. Alberto mete los pies, pero el agua está congelada, y aunque pronto se acostumbran, no habíamos pensado en que sería posible el baño y no tenemos bañador. La playa está llena de gente pero pocos se atreven a meterse en las gélidas aguas del mar del Norte.

De aquí nos dirigimos a Den Hoog, un pequeño pueblo con un par de calles muy turísticas, con tiendas de souvenirs y restaurantes. Antes habremos parado en una de las múltiples zonas de pic-nic que nos hemos encontrado y damos buena cuenta de las viandas que llevamos. Daniel se empieza a quedar dormido, así que queremos que duerma su siesta en la autocaravana... son las 3 de la tarde y pedaleamos hacia el ferry, pero el fuerte viento de frente hace que los escasos 11 km que nos separan del barco, se conviertan en casi tres cuartos de hora... pero llegamos a tiempo para coger el ferry de las 4 que nos deja al otro lado 25 minutos después. En total hemos dado una vuelta de unos 30 kilómetros entre pitos y flautas.

Ha sido una mañana estupenda. El tiempo ha acompañado y el paisaje es muy chulo. Ambos coincidimos en que merece más la pena pedalear por Texel que por el Parque de Hoge Veluwe... aquí hay más paisaje, más posibilidades. Si no llevas bicicleta, la alquilan; si quieres pasar con la autocaravana se puede, hay múltiples campings y lugares de aparcamiento, el paisaje es más variado, pero eso sí, no hay ciervos ni museo.

Cuando llegamos a la autocaravana nos fijamos con más detenimiento en el Museo de la Marina. Tienen un submarino real en exposición, así que Teresa se queda con Daniel para que se duerma y Alberto se acerca al museo ya que cierran a las 5, pero cuando llega (a las 16:40) le dicen que está cerrado. Le insiste en que solo quiere ver el submarino por dentro (nunca ha visto uno más que en películas): otro trabajador mayor le escucha y le dice que pase corriendo. No le cobran los 6 € que cuesta la entrada y tiene todo el submarino para él solito. Da miedo. Es claustrofóbico. En un espacio poco mayor que nuestra autocaravana dormían 24 personas (esto me lo dice otro hombre del mueso que se encuentra cerrando las instalaciones). En el submarino iban 70 marineros. El periscopio funciona, la cocina es mínima, la sala de torpedos, tanto anterior como posterior sirve de dormitorio, el comedor, la sala de sónar, de pilotos, etc. Es impresionante, da miedo, mucho miedo.

Daniel ya casi duerme y salimos hacia Alkmaar pero siguiendo la costa. Vemos las casas en primera línea de playa que aquí se traduce en primera línea de dique. Alberto sube a uno de ellos que tiene más de 100 metros de ancho y es altísimo, pero no consigue ver el mar. Por algo estamos en los países bajos… es un poco agobiante.

De camino hacia Alkmaar pasamos por plantaciones de flores y algunas granjas ofrecen bulbos en pequeños puestos donde no hay nadie. Coges lo que quieres y dejas el dinero en una hucha. Solo llevamos 1 € suelto, así que cogemos 10 bulbos variados a 10 céntimos el bulbo… y llegamos a Alkmaar. Otro pueblo que visitaremos a las "tres de la madrugada".

Aparcamos en un parking en el centro (N 52° 38' 13", E 4° 45' 04"), con poco movimiento y desangelado, pero hay otra autocaravana y un Lidl cerca para comprar alguna cosilla.

El pueblo es una monada, con sus canales y sus calles comerciales. Es una pena no haber podido venir en viernes y ver el mercado del queso, pero bueno… vemos otra ciudad desangelada, aunque unos cuantos globos aerostáticos nos ofrecen fotografías muy bonitas.

Tras un buen paseo por todas las calles peatonales, nos hemos propuesto dormir en Volendam, en la costa del mar interior con el fin de mañana ver Molikendam, Marken y Edam, pero antes, puesto que en el mapa Michelín hay una "carretera pintoresca" que nos pilla de camino y, aunque no es el camino más corto, decidimos desviarnos. ¡Qué pasada!

La carretera por la que vamos es la N243 y yendo hacia el oeste encontramos tres molinos inmensos y en perfecto estado. Además es la hora del anochecer (cerca de las 21:30 y podemos tomar unas fotos preciosas (la de la portada del presente texto). En los molinos (N 52° 35' 48", E 4° 52' 24") tomamos una pequeña carretera que nos llevará, tras un pequeño rodeo, a la N244. En el primer tramo de la ruta, la carretera va sobre un dique que deja agua por un lado y, a unos 5 ó 6 metros por debajo, viviendas, campos, vacas, etc. Es una pasada, el agua está por encima del terreno y se ve perfectamente, además hay algún que otro molino más y alguna granja que parece sacada de un cuento: con estanque para patos, invernadero, jardín florido, etc. Es increíblemente bonito. Después, la carretera se adentra en zonas residenciales, que aunque tienen cierta gracia, no aportan más que retraso.

Al principio del relato de este día decía que había sido redondo. Y faltaba una parte delicada: aparcar para pernoctar. Además estamos bajo mínimos ya que desde Rochefort no cargamos agua ni descargamos grises. Así que o encontramos un área en condiciones o nos metemos en un camping, pero son casi las 10 de la noche y eso equivale aquí a las 5 de la mañana. En Volendam hay dos áreas de autocaravanas, una de ellas de pago con servicios y a ella nos dirigimos (N 52° 29' 23", E 5° 03' 37"); la gratuita no la encontramos. Está indicada y es fácil de encontrar. Creemos que es la mejor área de autocaravanas que hemos visitado nunca, por lo bien organizada que está, aunque las plazas son un tanto estrechas. Al llegar hay una barrera que se abre presentando un ticket en un lector de infrarrojos… pero no tenemos ticket. Dentro hay una máquina que, en holandés, francés, alemán o inglés, te pregunta que qué quieres hacer, y te da varias opciones. Una de ellas: entrar. Así que seleccionando esa opción imprime un ticket que presentado en la barrera permite la entrada. El precio es algo así como 13 € por la noche, más 1,5 € de tasa por persona hasta las 10 de la mañana del día siguiente. Entonces te cobran a 1 € la hora hasta las 5 de la tarde. El área cuenta con todos los servicios. Hay un buen lugar para cargar y descargar, puntos de electricidad y parcelas para dos autocaravanas. Hay más de 30 autocaravanas y conseguimos ponernos en primera línea de vistas al molino.

Ha sido un día perfecto: buen tiempo, diques y más diques, puentes levadizos, verde y más verde, ovejas y más ovejas, vacas y más vacas, isla de Texel, molinos, submarino… y encima aparcamos en un área que nos permite poner el morro de la autocaravana hacia un molino precioso.

DÍA 13: VOLENDAM ⇒ VOLENDAM

Aunque parezca que no nos hemos movido por el título de la sección (Volendam⇒Volendam), nada más lejos de la realidad. Los planes eran visitar Volendam y Edam (que dista de aquí un par de kilómetros) en bici, pero el día nos sorprende nublado y con amenaza de lluvia. Así que cambiamos los planes: visitaremos Volendam dando un paseo, iremos después a Edam, Marken y, si nos da tiempo, Monnickendam.

Tras desayunar, de nuevo cargamos y descargamos, así que aprovechamos los servicios del área para salir con todo hecho. Para salir, pagamos 16 € y nos vamos… ya que a partir de las 10 te cobran 1 € por hora y al lado hay un parking hermosísimo, al que nos mudamos en menos de lo que canta un gallo.

Nos acercamos al centro de Volendam que desde el área hay un paseíllo… después el paseo al lado del puerto que tiene algunas tiendas de souvenirs y hacemos unas cuantas compras ya que venden tazas de Holanda por menos de 2 € cada una y nos parece un muy buen precio… y un buen recuerdo para llevar a los más pequeños de la familia. Paseamos por las calles de atrás, una vez más, hay que bajar a tierra, está por debajo del nivel del mar interior. Desde el puerto se ve Marken que será uno de nuestros destinos. Habíamos pensado ir desde aquí en bici, pero yendo y volviendo serían un montón de kilómetros (y además el tiempo no acompaña nada, aunque sigue sin llover).

De aquí nos vamos a Edam. Intentamos acceder a un parking que tenemos en el TomTom y está casi en el centro del pueblo, pero está limitada la longitud de acceso a 8 m. Podríamos pasar, pero aparcamos en una calle de casitas, muy cerca. Al lado del canal hay varias autocaravanas. Menos mal que no entramos al parking, ya que tiene una barra que limita el acceso a vehículos de más de 2 m de altura. El pueblo lo vemos en media hora andando. Es mono y muy pequeño. No aguantamos más y compramos queso en una quesería. Entramos en una tienda donde te permiten probarlos con mostaza (o sin ella). Compramos queso Edam en ídem, natural, curado y también mimolette curado que nos encanta… también mostaza y pan… quien sabe, puede ser parte de la comida. La mostaza es con miel y está buenísima, sobre todo para aquellos que nos gusta la mostaza y sobre todo la mostaza fuerte tipo inglesa…

De aquí nos dirigimos a Marken, al cual se accede a través de un dique de varios kilómetros de longitud y hay parking en la entrada del pueblo… o eso es lo que parece, pero no es un parking sino un lugar donde te atracan a mano armada. Estacionar una autocaravana son 10,20 € sea el tiempo que sea… No entramos y nos dirigimos al dique donde hay varios lugares de aparcamiento y carril bici… además no llueve, paramos en el primero (N 52° 26' 49”, E 5° 05' 40”). El pueblo se puede ver en media hora. El pueblo es una monada y a lo mejor sí que merece los 10 € del parking, pero nosotros nos damos el paseo desde el dique, unos 2 km. La zona del puerto está rodeada de casitas típicas holandesas, hay algún puesto de comida (compramos unos arenques, algún bocadillo de salmón y pescado rebozado…).

De vuelta al dique comprobamos al igual que en la Isla de Texel que Holanda es plana en apariencia, porque cuando sopla el viento en la bici y de cara, de plana nada. Se nos ha hecho un pelín tarde y decidimos qué hacer: si comer allí o llegar a Zaanse Schans donde queremos pasar la tarde paseando con el carrito aprovechando la siesta de Daniel (definitivamente no iremos a Monnickedam). Decidimos comer en el parking de este mini parque temático de las costumbres holandesas que está a unos 25 minutos de aquí. El parking es muy caro, pero lo asumimos como la entrada al "parque temático". Si estás menos de 30 minutos son 1,5 €, pero si estás más tiempo son 7 €.

Una vez aquí y mientras comemos, pensamos que Marken ha merecido la pena, es pequeño pero está muy cuidado, además desde el dique ya se ve Amsterdam. Dándole vueltas pensamos que una buena opción habría sido o bien cruzar en el barquito que hay hasta Marken con las bicis y volver por el dique (son aproximadamente 8 km) o bien ir y volver en el barquito... siempre que el tiempo lo permita.

Empieza a diluviar. Todo está delicioso, el arenque con pepinillo y cebolla, el pescado frito, los bocadillos, y los quesos con mostaza, deliciosos. No para de llover ni disminuye en intensidad, es una pasada. Para tener todo tan verde, no hace falta tanta agua... normal que estén llenos de canales, lo que pasa es que están inundados... Definitivamente parece que no parará, así que nos armamos de chubasqueros, carrito con plástico de lluvia, paraguas y mucha moral. No querríamos dar nuestra opinión sobre este lugar, porque en estas condiciones no podemos decir nada bueno. La mitad de los lugares visitables están cerrados y algunos de los que se pueden ver, como un molino, cuesta 3 € por persona. Vemos la granja de los quesos que no es más que una tienda de quesos en donde venden exactamente los mismos que hemos comprado en Edam pero algo más caros. En fin, que no nos ha convencido teniendo en cuenta que vamos empapados hasta los huesos y cada vez llueve con más fuerza. Aunque en nuestra opinión, creemos que hemos visto pueblos muy monos y suficientes molinos como para ahorrarnos este lugar que no acaba de hacernos tilín. Hay gente, en otros relatos, que dice que es un lugar muy agradable para dar un paseo. No podemos dar una opinión muy objetiva porque el tiempo es pésimo. Por cierto, cuando llegamos casi no había sitio en el parking, ahora está prácticamente vacío.

Son casi las 17, diluvia como si no hubiera llovido en la vida y no sabemos qué hacer... y encima Daniel se despierta. Empezamos a llamar a campings de Amsterdam, empezando por los que están más cerca... y todos llenos... nos dicen que a lo mejor mañana por la mañana se va alguien, pero no garantizan nada. Tenemos varias áreas en el TomTom que están cerca. Son áreas que la mitad no existen, pero como no tenemos nada que hacer, nos vamos para una de ellas, la que está en Landsmeer... que no existe... Decidimos acercarnos a un par de campings, ver donde están y probar suerte. Pero no hay suerte ninguna. Vamos en primer lugar al Camping Zeeburg que está al lado del P+R 4 donde hace unos años se permitía la pernocta. El parking está abierto 24 horas y por 6 € te incluía también el billete para dos personas en transporte público durante un día. Compruebo que el precio no ha cambiado y que hay una autocaravana en el parking, pregunto y me dicen que se habrá colado pero que allí no se puede estar.

Nos vamos entonces al camping Vliegenbos que es el que más cerca está del centro, a unos 20 minutos andando, 10 en bici y 5 en bus (antes habíamos llamado y entendí que costaban 33 €). Está lleno, pero me proporcionan un listado de campings y me dicen que en el Amsterdamse Bos tienen sitio. Está a 28 km de nuestra posición, a 8 km de Amsterdam y nos dicen que cuesta 24 €... pero que solo tienen un lugar sin luz, pero que mañana nos cambiarían a uno con luz (todo esto en español y claro, con la consiguiente llamada; ya verás cuando venga la factura del móvil). Estamos a 18 km de Volendam, donde por 16 € duermes con todos los servicios... y además mañana en 20 minutos podremos estar en el camping Vliegenbos a eso de las 10 de la mañana para probar suerte, así que nos decantamos por esta opción. Entramos en el área que está casi llena y dando un paseo por el parking de al lado nos encontramos una especie de octavilla en la que se puede leer en un montón de idiomas: "no utilice el parking como camping".

En el área estamos más de 50 autocaravanas y compartimos parcela. Sigue lloviendo, aunque ya de noche para un rato... a ver mañana.

DÍA 14: VOLENDAM ⇒ AMSTERDAM – DIA 1

Amanece completamente despejado, hay que aprovechar. Desayunamos y recogemos todo lo antes posible. A las 9 de la mañana estamos saliendo del área de Volendam con destino al Camping Vliegenbos. A las 9:30 estamos en la recepción del camping y nos dicen que para hoy tiene dos huecos: uno para tres noches y otro para cuatro. Le decimos que solo queremos 2 noches y nos dice que no es posible... no lo entendemos... no sabemos con qué derecho o por qué deber tenemos que pagar 3 noches obligatoriamente a 33 €. Nos dice que todo Amsterdam está lleno y que o lo cojo o lo dejo. Estamos en el camping más cercano al centro de la ciudad, a 10 minutos en bici e incluso se podría ir andando, así que lo cogemos tras pagar por adelantado más de 99 € por las próximas 3 noches. A la entrada del camping tienen una zona de aparcamiento para autocaravanas, no son parcelas, son plazas no demasiado anchas con luz y servicios... pero te cobran como si fueran parcelas en condiciones.

Preparamos las cosas aprovechando el radiante día que tenemos por delante y salimos entre autocaravanas que entran, otras que salen, coches, etc. un lío impresionante y muchas se tienen que ir porque no hay plazas. Nos vamos con las bicis, hay que cruzar el canal Ij en ferry, pero es gratis. La idea es hacer una primera toma de contacto, dar una vuelta, ver qué tal nos movemos con las bicis y no complicarnos demasiado. Nada más llegar encontramos toda la zona de Central Station en obras. Hay que dar un buen rodeo pero enseguida llegamos a la Oficina de Información Turística (VVV) que hay allí. Está lleno de turistas, sobre todo españoles. Teresa compra las entradas del Museo de Van Gogh al módico precio de 14 € por persona; podremos usarlas cuando queramos, así que ya las tenemos y nos ahorraremos colas.

De aquí nos dirigimos por la calle Damrak hasta la Plaza Dam donde el Palacio Real está tapado por obras y de aquí a Muntplein, donde hay un mercado de flores y bulbos inmenso que veremos más adelante. Ahora nos dirigimos a Vondelpark, un parque bastante grande al suroeste. Lo recorremos entero y dejamos que Daniel juegue un rato en uno de los columpios. Hay otro juego que permite hacer ríos con agua y presas y diques... muy holandés... pero no dejamos a Daniel que se integre tanto en las costumbres y educación holandesa sobre todo porque el barrizal es considerable y la ropa le tiene que durar todo el día. Terminamos de ver el parque que con las bicis nos lleva poco tiempo.

Esta primera toma de contacto con las bicis es muy positiva. Aunque es un lío con los tranvías, las bicicletas, las motos (que van por el carril bici a toda velocidad), los autobuses, los coches, etc. Si vas con cuidado, sobre todo con los turistas que se cruzan sin mirar, "solo" con esto, no tendrás problemas. Como son casi las 14 horas, probamos suerte para comer en un restaurante etíope que hay cerca del parque y que recomendaban en varias de las guías que llevamos, pero está cerrado desde hoy mismo por reformas...

Así que nos dirigimos a un indonesio que hay por la calle Utrech y que también recomiendan, pero solo dan cenas a partir de las 18. Que aceptamos cena a las 18 como sinónimo de merienda... y nos metemos en el de al lado que sí dan "comidas" a las 14:30. El camarero es sumamente simpático y nos recomienda un Rijtafel que es una especie de menú degustación. El plato consiste en arroz blanco, amarillo (ambos cocidos en leche de coco y con mucho sabor a cardamomo, deliciosos), un total de 18 platos en pequeños cuencos en 3 grupos de 6: poco picante, medio picante y muy picante. Hay pollo, ternera y verduras, todas muy especiadas y con diferentes niveles de picante, sobra decir que nos encanta la comida especiada y picante. Precio final 72 €, 18 € solo en el agua y dos cervezas, se han pasado un poco con las bebidas, pero comemos muy abundantemente.

De aquí, con Daniel en su carro y durmiendo la siesta, nos hemos acercado andando al mercado de flores. Hay que ver cómo vamos con las bicis (entre cámara de fotos, carrito, mochilas, etc.), sin todos estos suplementos las dejamos atadas a una barandilla con cuatro candados... nos avisaron de que si dejas una bici con buena pinta en la calle, dura menos que un pastel en la puerta de un colegio, pero hemos tenido suerte... la verdad que nuestras

Orbea destacaban bastante entre las, en general, oxidadas bicicletas junto a las que hemos aparcado. Visitar la ciudad en bicicleta tiene su punto, pero como tienes que ir atento a la gente, al tráfico y vas más rápido, no prestas atención a ciertos detalles que sí puedes apreciar andando, por eso nos gusta perdernos paseando por sus calles horas y horas.

Visitado el mercado de las flores donde compramos bulbos. Hay infinitos tipos de flores diferentes. Lógicamente los más abundantes son los tulipanes, pero hay calas, gladiolos, ciclámenes, narcisos, orquídeas... También hay bastantes tiendas de souvenirs, pero mucho más caras que en ningún lado. Como ejemplo unas tazas que compramos en Volendam a 2 € aquí cuestan 10 €. En cuanto a los bulbos hay muchos precios y presentaciones diferentes, por ejemplo 150 bulbos por 7 €, 4 paquetes de 10 bulbos por 10 € (recordemos que los compramos en una granja días atrás a 10 céntimos), 2 paquetes de 55 bulbos por 10 €. También hemos comprado semillas de margaritas de varios tipos.

Al terminar nos acercamos a la Plaza de Rembrant y de allí caminamos por las calles con los canales más importantes y que recomendaban en las guías. Buscábamos un cibercafé para mirar Internet porque era pronto (las 18:00) pero al final, zigzagueando por las calles de los canales del sur, hemos llegado al canal Amstel y nos han dado cerca de las 21 y todo el tiempo andando. Hemos comprado fresas lavadas en una tienda, que han sido la merienda de Daniel y un poco de bollería para el desayuno de mañana.

Terminamos el paseo donde dejamos las bicis, montamos todo lo que llevábamos: mochilas, carro, cámaras, los cientos de bulbos que llevamos... y cargados hasta los ojos, vamos al ferry y a las 22 estamos en casita, lógicamente cansadísimos. Un día redondo, bien aprovechado, con mucha bicicleta, mucho paseo, buena comida, cosas interesantes y una ciudad con mucha personalidad, muy diferente a todo lo visto anteriormente.

DÍA 15: AMSTERDAM – DIA 2

Nos hemos propuesto madrugar un poco, a las 8 está bien para estar de vacaciones... pero no salimos con todo listo hasta casi las 10. En el camping hay movimiento, al menos 4 autocaravanas ya se han ido pero enseguida se ocupan al menos 3 huecos. Unos españoles nos dicen que una vez pagados los 3 días de rigor, unos ingleses les dicen que ellos, habiendo pagado también 3 días, no se quedarán el último (los españoles han ocupado el hueco de los ingleses), pero en la recepción les dicen que no devuelven el dinero y que no hay nada que hacer. En conclusión, la jugada les sale bien a los del camping y cobran dos veces el mismo hueco al módico precio de 33 €.

Vamos hacia el Museo de Van Gogh, pero por el camino callejeamos con las bicicletas en este nublado día que amenaza con llover en cualquier momento. Nos acercamos a ver el Begijnhof en la calle Spui. Accedes por una puerta al interior de una manzana donde hay una iglesia y un montón de casas monísimas. Muy bonito.

Cuando llegamos al museo, la cola para sacar las entradas asusta. Menos mal que nosotros las compramos en Turismo y ahora nos la ahorramos. Ya nos habían dicho que el museo no merecía la pena, pero queríamos verlo. La colección permanente de Van Gogh es, probablemente, menos numerosa que la que vimos en el Hoge Veluwe. Como obras estrella tienen uno de los cuadros de girasoles (el más famoso está en la National Gallery de Londres que ya vimos), unos lirios y la estrella es "El dormitorio", pero está en restauración. Esta colección ocupa la primera planta que hay que visitar en cola... o ver los cuadros desde lejos, como hemos hecho nosotros, acercándonos a ver los que nos interesaban. En la segunda planta tienen alguno de Monet y otros impresionistas… y en la tercera planta más pintores flamencos de finales del siglo XIX y principios del XX. No sabemos por qué le llaman el Museo Van Gogh… Cuando salimos, tienen cerradas las puertas porque el museo está completo… la cola es bestial… y Daniel se nos escapa entre las barandillas de seguridad bajo la atenta mirada de los que esperan y con las risas de los vigilantes.

En las bicis nos vamos al Mercado Albert Cuyp, que está muy animado. Es un gran "rastro" en el que entre muchos puestos de ropa, puedes encontrar alguno de queso, alguno de arenques, otro de wafflets (que están buenísimas con caramelo y canela) y puestos de carne, pescado y fruta y verdura (hay uno de estos últimos muy interesante especializado en ingredientes orientales). No es gran cosa, pero es entretenido, además hay tres músicos/payasos que desarrollan un espectáculo muy ameno y divertido… cuando terminan no piden dinero… y eso que se lo merecían, eran muy buenos. Los precios de la fruta son muy interesantes.

Volvemos a la autocaravana entre el caos de coches, bicis y tranvías que a esta hora es una pasada en la Munt Plain (Plaza de la Moneda, en la base de la Torre del Reloj quedan restos de las piedras de la antigua muralla) y en Damrak. Queremos comer y echarnos la siesta en la autocaravana… que es interrumpida a las 17:30 con una impresionante tormenta… pensamos que ya hemos echado la tarde, pero a eso de las 18:30 deja de llover y sale el sol, aunque hace bastante frío.

Armados de valor nos vamos en bici al Red Light District pero se nos olvidan las cámaras... Aparcamos las bicis en Gelder Sekade y nos acercamos a ver la Waag que es la única puerta de la muralla medieval que sigue en pie y que ahora es un restaurante. Andamos por Zeedik que está llena de restaurantes orientales, cruzamos en perpendicular a los canales hasta la Plaza Dam. Desde aquí tomamos Warmoes que tiene muchos pubs, sexshops y cofee shops. Tiene mucha actividad, pero vamos buscando los famosos escaparates de luz roja y todavía no hemos visto ninguno. En el centro del barrio rojo vemos la Iglesia de Oude Kerk y por una perpendicular muy estrecha vemos los primeros escaparates. De este mismo callejón sale la calle más estrecha de Amsterdan donde apenas se cruzan dos personas y donde hay al menos 15 escaparates. La verdad que da un poco de risa, las mujeres te miran y te guiñan un ojo, pero nos esperábamos algo más explícito … tanto hemos oído de lo terrible e inmoral que es esto… y no es para tanto. Queremos pasear por Oudezijds, donde está el museo de la mariguana, y a ambos lados del canal hay numerosas mujeres en escaparates.

Oscurece y decidimos coger las bicis y volver al canal Amstel, a la zona de canales del sur y subir por Damrak hasta el ferry para poder ver algún puente iluminado (con unas sencillas bombillas pero muy bonitos).

De vuelta al camping hace bastante frío. Entre otras cosas, cenamos las fresas y las cerezas que compramos por la mañana en el mercado a un precio razonable para estar donde estamos (5 €/kg las cerezas y 4 €/kg las fresas) y que están muy muy buenas.

DÍA 16: AMSTERDAM – DIA 3

Por la noche llovió varias veces con fuerza pero poco tiempo. Desayunamos y preparamos las bicicletas ya que el día promete, hace sol aunque algunas nubes de evolución amenazan acabar en tormenta en poco tiempo.

Una vez en el centro de Amsterdam nos dirigimos hacia el barrio rojo para hacer un par de fotos, primero al Waag y después a la calle de los chinos y de algún canal interior con escaparates de luces rojas, pero sin sacar a ninguna de las mujeres que en ellos están incluso a estas horas de la mañana. Hoy son mayorcitas y entradas en carnes, la zona está llena de basura… se ve que anoche por allí corrieron ríos de alcohol y de otros líquidos y secreciones…

Hace un día soleado, así que hemos acertado con las bicis. Nos dirigimos a la Plaza de Waterloo y al mercado que en ella se desarrolla. Es un mercado de ropa, aunque hay un poco de todo. De repente se encapota y comienza un diluvio impresionante, cae agua a mansalva... Nos refugiamos donde podemos y esperamos a que escampe... tras media hora la cosa afloja pero sigue lloviendo con cierta intensidad. Me acerco a uno de los escasos puestos de comida del mercado, uno vietnamita, y compro rollitos y una especie de filete empanado con forma de corazón pero de plátano. Todo está delicioso y la salsa picante que he pedido, muy buena y muy picante.

Parece que deja de llover y pertrechados con los chubasqueros y las bicis con el carrito de paseo de Daniel, mochilas y paraguas... nos dirigimos a la zona del zoo y del jardín botánico al este de la ciudad, pero interrumpimos nuestra marcha en numerosas ocasiones cuando comienza a llover con mayor intensidad. Parece que se nos ha fastidiado el día. Así que decidimos ir hacia el canal Amstel, cerca de Munt Plein para coger un barquito turístico de los que van techados y esperar a que deje de llover de una vez. Nos cuesta 8,50 € por persona y dura 1 hora. Hemos dejado las bicis cerca del muelle. Nos dan una vuelta por los canales que ya conocemos; sobre todo nos llama la atención las casas flotantes que desde el centro del canal muestran una visión completamente distinta que desde la calle. Daniel se porta bastante bien y, aunque no hemos podido sentarnos al lado de la ventana, podemos disfrutar de la visita. Le damos de comer pero se tira todo el crucero jugando sin parar, así que nada más terminar le ponemos en su carro y se duerme al instante. Ahora tenemos que comer nosotros... damos varias vueltas por la zona de Munt Plein y finalmente entramos en un restaurante que dice "Asian Kitcken". La camarera debió ser miss antipática Saigón 2009, pero la comida es abundante y deliciosa (con una salsa picante que tienen en las mesas que es una pasada); total 28 €.

Increíblemente desde que terminamos el crucero no ha caído ni una gota de agua y poco a poco el cielo se ha despejado por completo, aunque hace frío. Aprovechamos la siesta de Daniel para pasear por la zona oeste de la calle Damrak y la Plaza Dam; las calles peatonales y comerciales están a rebosar.

Antes pasamos por el Bloemenmarkt (mercado de las flores) que nos pilla al lado para comprar más bulbos. Después de un par de días por la ciudad hemos comprobado que las bolsas que compramos a 10 € las 4 unidades, es un buen precio.

En esta zona peatonal al este de Damrak están todas las tiendas habidas o por haber. Es muy bullicioso y un poco agobiante. Miramos *souvenirs* en las múltiples tiendas disponibles, pero los precios son más caros que en ninguna otra zona de la ciudad con contadas excepciones. Paseamos por los canales más occidentales de la ciudad en un paseo de más de 2 horas para terminar acercándonos a la casa de Ana Frank (que tiene una cola kilométrica incluso a las 19 horas, e intentamos subir a la torre de Westerkerk pero no hay plazas disponibles ya que se sube en grupos cada media hora a pesar de que cierra a las 20 horas. Seguimos callejeando y comprobamos que se nota que es viernes, los pubs de la zona, normalmente en las esquinas, están llenos. También comprobamos lo diferente que son los canales dependiendo de la zona en la que se encuentran, por aquí son anchas casas señoriales gigantes y con grandes ventanales y no tan estrechas como puedes encontrar en el mismo canal pero en otra zona.

Hemos paseado por Damrak y Rokin ya que, aunque hemos pasado varias veces con la bici, no se ven igual las cosas. Finalmente nos dirigimos hacia las bicicletas para terminar nuestra visita a Amsterdam, cansados de andar y pedalear, son las 20 horas. Aunque de vuelta al camping pasamos por la biblioteca que está al este de Central Station, en la misma isla y que ofrece Internet gratis.

Casi llegando al camping, comprobamos, una vez más, que hay autocaravanas que seguramente pasan la noche en los alrededores. En las cercanías del camping hay señales de prohibido acampar (que pesados, que yo no acampo, que yo aparco)... pero más cerca del muelle donde se coge el ferry, cerca de un supermercado hay mucho sitio para aparcar y, por lo que hemos visto, sin tener que pagar ORA. Así que esta podría ser una opción no sé si para pernoctar, pero sí, probablemente, para aparcar, cruzar en el ferry gratis y visitar Amsterdam.

Así hemos terminado nuestra visita a Amsterdam. Estamos convencidos de que nos llevamos una idea. Hemos andado o pedaleado por todos las zonas de la ciudad, paseado por sus calles, comido en los puestos de la calle y nos hemos perdido por aquellos lugares más alejados de las típicas rutas más turísticas, sin olvidarnos de éstas, ya que si son turísticas, por algo será.

Ya en el camping Alberto va a preguntar a la tienda del camping que si hay algún centro comercial cerca... Nos dicen que en Holanda no hay grandes supermercados... nos sorprende entender lo que hemos entendido, pero nos indica que lo más grande es el supermercado "Dirck" que hay en dirección al centro y nos informan de un Decathlon que hay al sur de la ciudad. Es sorprendente pero no hemos visto grandes tiendas de bicicletas y queríamos ver algo, no sabemos si es que las esconden o que realmente no hay demasiadas. Alberto compra una Heineken (pilsener, no lager como la que venden en España) de medio litro por 1,85 € y una barra de pan por 1,85 €... sí, lo mismo... aquí hay algo que no es lógico, ¿no?

Mañana tenemos que abandonar el camping antes de las 11, cargaremos y recogeremos cuanto antes.

DÍA 17: AMSTERDAM → ALBLASSERDAM

Otro día soleado, vaya suerte. Recogemos y hacemos el "check out" en la recepción del camping, vamos, que nos devuelvan el DNI. Antes de salir descargamos grises (que vamos hasta los ojos, y cargamos agua... pero antes la última sorpresa del camping: hay que pagar 50 céntimos por no se sabe cuánta agua porque sale un chorrito finísimo… con dos monedas carga el 75 % según la centralita que tiene un error del 25 %… en fin, que no por el dinero y sí porque tarda muchísimo, salimos del camping cuando nuestra plaza ya está ocupada y hay varias autocaravanas esperando en la entrada. Dudamos de que puedan entrar hoy.

Nos acercamos al supermercado Dirk que está cerca. Es un lío, está todo ordenado de una forma rara. En este, como en muchos más allá de los pirineos, la sección de bebidas alcohólicas ocupa una quinta parte del supermercado. Miramos entre los vinos y encontramos "Castillo de Almansa" a 4 € y "Estola" a 5 €. También "Navajas" (Rioja) cosecha a 4 €. No están mal los precios… lo más sorprendente es que venden un vino con molinos manchegos en la etiqueta y que por detrás dice "D.O. Valencia". Sin comentarios. En cuanto a la fruta, más cara que en el mercado de anteayer y no hay ni carnicería ni pescadería. Sorprendente en un país lleno de vacas y en el que venden arenques por todas partes. Para terminar, comentar que casi no hay agua embotellada y la que hay es cara.

De aquí nos dirigimos a Leiden. Antes tomaremos alguna carretera secundaria con el fin de acercarnos a Lisse e intentar ver algún campo de flores y, aunque no es la época buena, vemos algunos campos de margaritas, calas y dalias. Llegamos a Leiden y aunque hay un parking al lado del molino (N 52° 09' 60, E 4° 29' 14") que hay al norte, aparcamos en una de las calles que hay por la zona (N 52° 10' 00", E 4° 29' 10", pagando la ORA). Hemos acertado porque el parking estaba lleno y las 2 autocaravanas que hay dentro lo pasarán mal para salir. Visitamos el pueblo empezando por la calle Haarlemmerstraat: calle muy larga y muy comercial que nos despista. Hoy lleva Alberto la guía y el mapa… y la hemos liado. Nos perdemos y cuando cree estar en un determinado punto estamos en otro y así no hay manera. De repente nos encontramos un inmenso mercado que ocupa las dos orillas del canal principal (que no es un canal sino el río Rin, la calle es Vismarkt). Al igual que pasa cuando los árboles no dejan ver el bosque, aquí el mercado no deja ver el pueblo y, como ya nos ha pasado otras veces, un mercado anima mucho pero no te deja visitar el pueblo convenientemente. Aun así nos ponemos morados ya que comemos *waffels* de Gouda (una especie de galleta con caramelo y canela como las que comimos en Amsterdam, buenísima), arenques marinados, patatas fritas, pescado frito, un gofre, etc. Y el pobre Daniel casi sin comer... así que nos vamos a donde habíamos aparcado la autocaravana que ya se nos había pasado una hora la ORA. Leiden está muy bien, tiene mucha vida y los canales son muy bonitos.

De Leiden nos vamos a Gouda. Hay un parking/área de autocaravanas que por 7 € puedes pasar 24 horas con carga y descarga a donde el TomTom nos lleva mal. Es el parking Klein America (estas coordenadas son las de la calle de acceso, desde ahí ya se ve la puerta, porque aunque es fácil de encontrar, tiene cierta dificultad: N 52° 00' 41", E 4° 42' 58"). Andando visitamos la plaza, es bastante curiosa, sobre todo la iglesia que hay en el centro. Además aprovechamos para comprar más queso (esta mañana compramos en un puesto del mercado de Leiden), esta vez Gouda en ídem... aunque sinceramente, no acabamos de notar la diferencia entre el Edam y el Gouda. Compramos curado con cominos, un Gouda natural y con nueces. Por la mañana compramos con cominos y con mostaza, ambos curados. Ya llevamos un buen cargamento.

Como es pronto y, cómo no, ya han cerrado todo (las 18) decidimos acercarnos a Utrech. Aparcamos en el parking (N 52° 05' 07", E 5° 06' 16" – P3 Jaarbeurs) a 3 € la hora O FRACCIÓN. Vamos con las bicis con lo que podemos recorrerlo todo en casi 2 horas, 7 minutos más y nos habrían clavado 9 €, así son 6 € que tampoco está mal. Ha merecido mucho la pena venir. Está muy animada y hay una concentración/festival de "góticos.

Los canales son muy curiosos. La calle está en un nivel superior y a la altura del agua hay una especie de terrazas donde bares y gente particular toma su cena... es curioso sobre todo como la gente utiliza esa terraza para cenar, hacer barbacoas, fiestas... muy curioso. Muy impresionante la torre de la catedral de más de 100 metros de altura y el Hoog Catherijne, el centro comercial más grande de Holanda como no, cerrado a las 18 horas un sábado...y sin supermercado ¿Qué hace esta gente desde las 18 hasta que se acuestan?

Sabemos de muchos en España que con estos horarios no podrían ni hacer la compra... a estas horas a veces ni se han levantado... La visita nos ha gustado mucho.

No es demasiado tarde, para nosotros, no para el resto de Holanda, y nos dirigimos a Alblasserdam, donde hay un aparcamiento para autocaravanas. Lo programamos en el TomTom y una vez más falla... nos indica un parking en el centro del pueblo que, aunque tienen buena pinta, no es lo que estamos buscando. Miramos en relatos y encontramos las coordenadas (N 51° 51' 40", E 4° 39' 27"). Ahora sí, es al lado del puerto y está llena, con 3 autocaravanas fuera, así que ahí aparcamos, en el lado derecho del acceso al parking, al lado de un puerto. Unos italianos nos dicen que ahí no hay problema, pero que en el parking, si hay más de 14 autocaravanas, te echan. No se entiende mucho pero imaginamos que como es un parking donde hay cines y restaurantes, además del ferry a Rotterdam, pues que no querrán que se les sature.

Aparcamos, cenamos queso, como no, y cerveza, alguna patata frita y a escribir este relato. Ha sido un día largo y completo, con paseos, bici y carretera. Estamos cansados. mañana más.

DÍA 18: ALBLASSERDAM → AMBERES (ANTWERPEN)

La noche ha sido tranquila, ha hecho calor y a no sé qué hora tuvimos que abrir una ventana, así que nos sorprende que amanezca nublado y con bastante frío, además, para

variar, amenaza lluvia.

Queríamos ir a los molinos de Kinderdijk en bicicleta, pero optamos por ir al parking que hay a la entrada (N 51° 53' 19", E 4° 38' 13") y que cuesta la friolera de 5 € (por 24 horas, además, no se puede pernoctar ???). Llegamos relativamente pronto y no hay mucho lío. O la gente madruga más que nosotros o esto está tranquilo.

Paseamos sobre el dique que separa los dos canales que están rodeados por 19 molinos preciosos. Llegamos hasta el final, es un recorrido de aproximadamente 2 km. A la vuelta visitamos el molino que está abierto por 3,50 € por cabeza; merece la pena visitarlo y ver lo complicado de sus engranajes y sobre todo pensar que esa tecnología es de cerca de 300 años y en estas construcciones, con el ruido, vivía una familia completa.

Cuando volvemos a la autocaravana hay bastante lío y ya no hay sitio para más autocaravanas (hemos hecho bien "madrugando"). Le pregunto al guarda cuánto paga un coche y me dice que 1 €. Así que, sin palabras. Nos vamos pensando que por una autocaravana, que en general son mal recibidas, ganan 5 veces más que con un coche y además solo ocupa el doble que un coche (y algunas ni eso)... mal, muy mal.

Nos vamos hacia el Proyecto Delta, al sureste del país. Seguiremos la costa (más o menos) y cruzaremos por los grandes diques y los grandes sistemas de compuertas que lo conforman. Pasamos por la circunvalación de Rotterdam y por las inmediaciones del Europoort, el puerto más grande del mundo, seguido por Nueva York y Amberes. Es increíble lo que se ve desde la autopista: muelles y muelles, grandes naves, contenedores, gigantescos aparcamientos donde almacenan los coches que vienen del otro lado del mundo, casi todo lo que usamos entra por aquí. Es impresionante y eso que vemos bastante poco... lo que debe haber aquí. Las infraestructuras, los puentes, túneles, canales, etc. Es una macro ciudad.

Gran parte de esta zona del país se ha ganado al mar gracias al proyecto Delta que terminó en 1994 y empezó en la década de los 50. Es sorprendente que haya islas enteras que han sido robadas al mar. Nos sorprende la cantidad de autocaravanas de surferos que hay por las playas, en los diques y mires donde mires. Todavía no ha llovido pero el viento es

intensísimo. Paramos en el dique Oostercheldekering, el más importante del Proyecto Delta. Aquí hay un gran aparcamiento que aunque dice que no se puede pernoctar (en toda la zona) el gran número de autocaravanas nos hace pensar que la gente pernocta igualmente (N 51°

38' 26", E 3°, 42' 31"). Al otro lado del dique está el DeltaPark, donde solo el aparcamiento cuesta 6,50 €, independientemente del tiempo que se esté.

Pasamos por Vlissingen que según venía en un relato era un pueblo mono. Damos una vuelta con la autocaravana y comprobamos que es una zona sumamente turística, un pueblo de costa con numerosos comercios, restaurantes, etc.

Decidimos ir a Amberes (Antwerpen) e intentar verlo en bicicleta como hicimos ayer con Utrech, pero cuando llegamos se pone a llover copiosamente. Vamos a un parking que hay al otro lado del centro de la ciudad (N 51° 13' 21", E 4° 23' 16") y desde el cual se puede acceder a través de un túnel de más de 500 metros de longitud por debajo del canal y al que se accede por escaleras mecánicas de madera o por ascensor. La obra es de 1932 y de ahí que las escaleras mecánicas sean de madera. Es sorprendente el ruido y el olor. Merece la pena asomarse, cosa que hacemos una vez que hemos recorrido la zona en busca del mejor lugar de pernocta.

Ya estamos en Bélgica y aquí no hay problema. En toda la zona alrededor del parking antes señalado, se puede aparcar sin problemas, incluso hay en la zona una autocaravana/autocar aparcada. Más hacia el norte, por la avenida Thonetlaan hay un camping (N 51° 14' 00", E 4° 23' 30") y al lado un aparcamiento donde hay 3 autocaravanas (N 51° 13' 56", E 4° 23' 35"). Al final de dicha avenida, tras pasar por estrechos sistemas para que los vehículos reduzcan su velocidad se llega a un parking (N 51° 14' 05", E 4° 23' 10") donde hay una heladería, donde según leemos en uno de los relatos que llevamos, se puede pernoctar sin sobresaltos. Así que nunca nos había pasado esto. Tenemos numerosos puntos de pernocta pero nos decidimos por esta localización: N 51° 13' 25", E 4° 23' 14", Frederik Van Eedenplein) al lado del parking, pero debajo de unos árboles y menos a la vista.

Cuando casi deja de llover, decidimos llevar a Daniel a los columpios cercanos y disfrutar de las vistas de la ciudad desde este lado del canal. Nos asomamos al túnel y bajamos hasta abajo. Está muy profundo y agobia un poco. Preguntamos que si se pueden pasar las bicis y nos dicen que sí, pero por las escaleras mecánicas ya que el ascensor está en reparación. Vemos como lo hace la gente... y tiene su cosa, así que mañana, dependiendo de cómo salga el día, vendremos andando o con las bicis y ya veremos cómo hacemos para bajar una, bajar a Daniel, etc... así durante los 2 larguísimos tramos de escalera.

Comienza a llover con fuerza, así que nos volvemos a la autocaravana. Frente al acceso del túnel de Santa Anna, que así se llama el túnel, hay una *fritanguerie* a donde nos dirigimos a buscar algo grasiento que nos calme el apetito, lo de alimentar lo dejamos para otro día. Hasta en este puesto perdido del centro de la ciudad hablan inglés y nos recomiendan un par de cosas picantes que compramos sin pensárnoslo dos veces. No sabemos lo que compramos, pero seguro que nos gusta... y las *frites* con salsa de curry.

Comienza a llover con mucha intensidad y esperamos que la borrasca que nos azota descargue todo lo que tenga que descargar durante la noche. En estas latitudes, al no haber montes ni montañas, los frentes se suceden con mucha rapidez. Los vientos también azotan con fuerza. Así que salvo que el anticiclón de las Azores se venga por aquí a dar un paseo, el tiempo suele ser muy variable, pero que, como ya hemos comprobado, a un par de días de mal tiempo le suele suceder uno o dos de buen tiempo. Así que cruzamos los dedos y nos vamos a la cama, que mañana tenemos que ver Amberes, queremos ir a Lovaina y dormir en Bruselas.

DÍA 19: AMBERES → BRUSELAS (CAMPING DE GRIMBERGEN)

Prácticamente no ha dejado de llover en toda la noche, con mucha intensidad por lo que el ruido de las trombas de agua nos ha despertado en varias ocasiones. Por lo demás el sitio ha sido tranquilo y ya tarde descubrimos una WiFi abierta.

Con este panorama y el cielo encapotado a más no poder, decidimos ir andando con los chubasqueros, paraguas y el carrito. Cruzamos el túnel. Desde el principio, casi no se ve el final. Es un poco claustrofóbico pero merece la pena ver una obra de estas características y de los años 30.

El paseo dura casi 3 horas, en algunos momentos a marcha de legionario. Paseamos por las diferentes plazas y calles más importantes, vamos hasta la estación de trenes que es impresionante, vemos las tiendas de diamantes, compramos uno para cada miembro de la familia, Teresa se compra uno para cada dedo, contando los de los pies y dos pares de pendientes... jeje). Bromas aparte, es inevitable recordar la película "Diamantes de sangre". Es curioso ver judíos con la kipá y sobre todo, judíos ortodoxos con sus trajes negros por la calle (el 90 % del mercado de diamantes del mundo se concentra aquí y está fundamentalmente en manos de judíos).

Nos cuesta dar con el callejón Vlaaikensgang (si tienes GPS búscalo) y es una pasada... sorprende comprobar que un lugar tan estrecho tiene un rincón tan curioso. Nos encanta la plaza del ayuntamiento con la fuente a Silvio Brabo (que cortó la mano al gigante y de ahí el nombre de la ciudad), el ayuntamiento, la plaza de la catedral, etc. Es llamativo la cantidad de restaurantes italianos y pizzerías que inundan ciertas partes de la ciudad... También vemos la casa de Rubens, muy mona.

Muy cansados del larguísimo paseo y cuando comienza a llover, llegamos a la autocaravana satisfechos de haber visitado una ciudad que nos ha gustado mucho. Recogemos y nos vamos a Lovaina. Vamos directamente a un parking (N 50° 52' 25", E 4° 43' 11") que, según decía un relato, estaba frente a un Carrefour, pero no lo encontramos así. El Carrefour (que no es de los grandes sino Market aunque tiene casi de todo) está a 500 m. Antes de comer, y temiendo que puedan cerrar a cualquier hora inimaginable como las 18, vamos y compramos agua y leche... y algunas cervezas sueltas de los cientos que se elaboran en Bélgica. Entre ellas la cerveza de Rochefort y la Trappe de Dinant, bastante baratas, por cierto.

Vamos al parking y comemos. Daniel cae dormido y empieza a diluviar tras una breve tregua, pero para enseguida y con todo el equipo anti-diluvio y Daniel dormido en su carro, nos acercamos al centro que pilla a un paseíto desde aquí. No vemos ningún sitio para aparcar en nuestro camino, sí alguna autocaravana cerca de la plaza de la mosca pinchada en el alfiler. Donde hemos aparcado (cerca de las vías del tren), podría ser un buen lugar para pasar la noche. Estamos a más de 1 km del centro, pero pronto empezamos a ver edificios de la Universidad. El ayuntamiento es impresionante, la catedral y el edificio de la biblioteca. También nos acercamos a ver el Groot Begijnhof que hay casi al final de la calle Schapenstraat. Aunque con el mismo objetivo que el que vimos en Amsterdam (lugar de recogimiento de mujeres, pero sin vinculación religiosa), este es un pequeño pueblo hermosísimo, con el río por medio, casitas de piedra, etc. Una pasada y patrimonio de la humanidad; sólo por el ayuntamiento y esto, ha merecido la pena venir a Lovaina. Además tenemos suerte y no nos ha llovido demasiado, pero a pesar de haber empezado la ruta a una hora "decente", la ciudad que mostraba mucha vida, se queda desierta... y un crepe que nos queríamos tomar, ya que habíamos visto un sitio donde tenían una pinta impresionante, no puede ser porque ¡ya está cerrado!

Nos cuesta llegar a la autocaravana por el cansancio acumulado de los dos larguísimos paseos que hemos dado hoy.

Son aproximadamente las 19 horas y nos proponemos acercarnos al Atomium en Bruselas y tantear los lugares de aparcamiento. Es impresionante. Además hay mucho hueco por cualquiera de las calles que lo rodean, el parking que hay en el estadio cercano está lleno de camiones y por los alrededores vemos algunas autocaravanas. No obstante, y puesto que estamos de grises y con el WC hasta arriba, decidimos pasar la noche en el Camping Grimbergen (N 50° 56' 05", E 4° 22' 56"). Cerca (N 50° 55' 55", E 4° 22' 11") hay un parking para autocaravanas pero sin servicios en donde se disponen a pasar la noche al menos 10 autocaravanas. El camping está lleno, pero nos dejan aparcar a la entrada en un lugar sin luz por 12 €.

A ver qué día amanece, porque ahora sigue lloviendo y no tiene pinta de parar.

DÍA 20: BRUSELAS → GANTE

Después de toda la noche lloviendo intensamente, amanece descubierto y prometiendo sol... parece que el verano, al fin ha llegado a estas latitudes. Nos vestimos con camiseta de manga corta, pantalones cortos y sandalias... Vaciamos y cargamos ya que en Bélgica no hay problema de pernoctar en cualquier sitio, así que si durante los pocos días que nos quedan, podemos evitar tener que pagar, pues eso que nos ahorramos.

Vamos directamente al Atomium, en particular al parking que hay en la misma parada de metro (N 50º 53' 50", E 4º 20' 08"). Hacemos el amago de aparcar pero no nos convence. Luego, cuando volvemos a coger el metro, veremos una autocaravana aparcada perfectamente. En el BruPark que está al lado hay varias autocaravanas (pero es de pago). Y en una de las calles perpendiculares a la avenida del Atomium (N 50º 53' 37", E 4º 20' 24"), encontramos al menos 7 autocaravanas. Es una calle ancha y tranquila con muchísimo hueco para aparcar. La dejamos aquí, pero antes de bajarnos nos cambiamos de ropa: pantalones largos, manga larga, botas, chubasquero, etc. ya que aunque no llueve las nubes están evolucionando muy deprisa y prevemos lluvia en poco tiempo: antes de llegar al Atomium está lloviznando.

Estamos en Bruselas y ya sabemos que no hay mucho que ver… también sabemos que el Atomium no merece la pena ser visitado, pero ya que estamos, entramos previo pago de 11 € por persona… en la guía decía 7 €, pero no, 22 € para sumar a los gastos. La visita no merece la pena: si acaso por el ascensor que sube los 100 m en 22 segundos. Las vistas desde arriba creemos que no merecen mucho la pena puesto que tampoco sabemos identificar lo que se ve, además está nublado y llueve, así que menos. Bajamos comentando que nos parece que la visita no ha merecido la pena, que con verlo desde abajo sería más que suficiente.

Vamos al metro y compramos el billete de un día que vale para metro, autobús y tranvía por 4,50 €, pero la máquina de pago con tarjeta no funciona. Hay unos holandeses en la otra máquina y tampoco va… Por suerte llevamos suelto y podemos pagar con monedas (no admite billetes); menos mal ya que en la estación no hay nadie.

El metro tiene un aspecto sucio y feo, además es un tanto lioso, pero como todos los metros, en cuanto le coges el tranquillo, es fácil. Hay que tener cuidado porque por un mismo andén pueden pasar trenes de distintas líneas, pero suele indicarse mediante pantallas luminosas.

Vamos a Santa Catalina y al salir comprobamos, una vez más, que ya no estamos en Holanda y que ya estamos más al sur: las escaleras para subir no funcionan, así que cargamos el carrito de Daniel y para arriba... a mojarnos bajo la lluvia. Nos dirigimos al edificio de la bolsa y de allí a la Grande Place, con unos edificios impresionantes. En el camino las chocolaterías comienzan a llamarnos tentadoramente. En turismo, en la plaza, pedimos un plano de la ciudad y de transportes. Vamos a ver el Meneken Pis (el nene meando) y de allí a ver a la Jeneken Pis (la nena meando) que no es tan conocida pero que ya que estás, pues te acercas a verla. No está en los planos de turismo y si no la conoces no la encontrarás, está en el callejón Fidèlitè (en mi TomTom aparece como Getrouwheidstrat) y sale de la Rue des Bouchers. Al principio es un poco lioso encontrarse con los planos ya que las calles tienen dos nombres (en flamenco y en francés). También vamos a la Galería Saint-Hubert.

Comemos en un Quick, el McDonalds belga; queríamos probarlo, pero nos tomamos el postre, como un gofre, cerca del Meneken Pis.

Decidimos acercarnos a la Place de L'albertina, a la Catedral. Y de allí a la zona comercial de la calle Neuve ya que ha dejado de llover. Compramos bombones en Leonidas para llevar algún regalo, no son tan caros como los de Godiva o los de Neuhauss. Vamos al Parque de Bruselas, al Palacio Real, en metro. De allí, andando, al Parlamento Europeo. Ya son más de las 18 y la zona está vacía, calles anchas sin un alma. Cogemos el metro y salimos en Comte de Frande para subirnos al tranvía 53 que nos deja en el Atomium para que Daniel, ya que está muy pesado con los tranvías, monte en uno.

Ha sido un día aprovechado, si bien lo que hemos visto en un día se puede ver perfectamente en una mañana... y si no llueve mejor. El aspecto de la ciudad es descuidado y no nos ha apasionado, aunque merece la pena conocer la capital de Bélgica.

Llegamos a Gante casi de noche. Vamos directamente al parking de autocaravanas que hay al oeste (N 51° 02' 16", E3° 46' 05"). Hay 4 autocaravanas y está cerca de una comisaría de policía, pero algo separado del centro aunque hay tranvía (a unos 250 metros). Decidimos acercarnos a un parking a echar un vistazo (N 51° 02' 42", E 3° 42' 12") que en un relato decían que estaba al lado del río y en el césped, tenemos las coordenadas así que no hay pérdida. Decidimos quedarnos ya que está más cerca del centro y pensamos que o bien en bici o bien andando (unos 2 km) es mejor que el otro, además hay otra autocaravana. Después llega otra.

Nos habían recomendado dar un paseo de noche y disfrutar de la ciudad iluminada, pero son las 21:30, Daniel no se ha echado la siesta, tiene sueño, llovizna y estamos cansados.

DÍA 21: GANTE → BRUJAS

La noche ha sido tranquila e increíblemente no ha llovido, además amanece despejado, por lo que nos vestimos de corto y con chanclas. Preparamos las bicis y nos dirigimos al centro. Al final en el parking hemos estado 6 autocaravanas.

Del parking al centro tardamos poco más de 10 minutos con las bicis, pero las calles son adoquinadas y con mucha separación entre los adoquines siendo sumamente incómodo. Nos habían dicho que tanto Gante como Brujas, también Amberes (Antwerpen) estaban genial para montar en bicicleta, pero no es para tanto. Hay algunos carriles bici, pero tampoco demasiados. Eso sí, el conductor, en general, respeta mucho al ciclista.

Nada más llegar al centro comienza a lloviznar... menos mal que hemos cogido los paraguas porque ya cuando salíamos de la autocaravana las nubes comenzaron a cubrir el cielo, pero nos resistimos a un nuevo día de lluvia y, a pesar del frío, no nos cambiamos de ropa.

Dejamos las bicis enseguida y, con Daniel en su mochila, nos damos un paseo de unas 3 horas. Por suerte no vuelve a llover. El paseo es a buen ritmo lo que nos permite pasar por prácticamente todas las calles del centro, ir a ver el Het Rabot, los muelles Korenlei y Graslei (en el centro), etc. Para terminar subimos a la torre Belfort (lo hacemos mitad andando y mitad en ascensor), te cobran lo mismo 5 €. Las vistas son espectaculares.

Son las 13 horas y tenemos que tomar una decisión. Salir hacia Brujas y comer allí, o hacer algo aquí, comer y aprovechar la siesta de Daniel para viajar. Optamos por esta segunda opción y para hacer tiempo nos montamos en un barquito que por 6 € te da una buena vuelta y te muestran algunos detalles que solo se ven desde el canal, como las estatuas del hombre y la mujer que saltan al agua, o la de los niños intentando coger un pez que sostiene otro niño. El centro es monumental y con edificios muy curiosos y bonitos, aunque está en obras que afean mucho la vista. Eso sí, en cuanto te sales de los cuatro puentes, los tres canales y las dos plazas, la ciudad es bastante fea. El camino a la autocaravana, tras comprar pan (1,50 € la barra), es feo, pero con las bicis lo hacemos en un periquete.

Recogemos y con Daniel durmiendo en menos de media hora, con un tráfico intensísimo, llegamos a Brujas. En el centro no puedes aparcar más de 2 horas, además hay dos zonas habilitadas para el aparcamiento bien señalizadas (N 51° 11' 46", E 3° 13' 33"): una para dormir y otra para pasar unas horas (en frente), ambas carísimas, pero también llenísimas. Como Daniel no ha dormido demasiado decidimos quedamos a dormir, por lo que optamos por el parking de noche que cuesta 22,50 €, con luz y vaciado de aguas. Las grises se vacían al lado de donde se paga y para las negras o coger agua te cobran 50 céntimos por cada cosa (donde se vacían las grises hay un grifo y vemos a una auto cargar agua "gratis"). El área tiene 37 plazas bien delimitadas y con enchufes por todas partes, está casi llena. En la parte de los autobuses (sin luz) hay al menos otras 10 autocaravanas, pero no sabemos si tendrán que pagar lo mismo o menos. En el aparcamiento de unas horas hay otro buen montón de autocaravanas; es el sitio en el que más autocaravanas hemos visto en todo el viaje.

Esperamos un rato a que Daniel se despierte y después nos vamos con las bicis a dar un buen paseo de al menos 2 horas. Vemos los molinos que hay al noroeste, bajamos por el canal que viene del norte, llegamos a las plazas y bajamos al Begijnhof y al Godshuiss al sur (cerca del parking) y al lago del Amor. Esto lo hacemos en bici. Ahora nos vamos callejeando hasta la plaza Markt y dejamos las bicis, con lo que comenzamos un paseo de otras 2 horas, con dos paradas a para comprar *frites* con salsa *joppie* o algo así que es como mostaza y curry. Todo el núcleo urbano que está dentro de una especie de circunvalación; es precioso. Es raro encontrar una casa que desentone. Hay canales, casas al borde, miles de restaurantes... es diferente a Gante y no sabemos si es más bonita o no. Gante con los canales y los puentes entre las plazas está precioso, además los edificios son impresionantes, pero Brujas, aun no teniendo edificios que resalten tanto como en Gante (tiene alguno impresionante también) es que es todo. Hemos hecho tiempo suficiente para poder visitar la ciudad de noche y tenemos la suerte de que en la torre Belfort comienza un concierto de campanas que inunda toda la ciudad, es la banda sonora que le faltaba al complejo... el ambiente es sensacional.

Volvemos a por las bicis y a casa, acercándonos a las zonas de canales y puentes a hacer unas fotos con los edificios iluminados.

DÍA 22: BRUJAS → BEAUGENCY

Amanecemos a las 9 de la mañana y nos lo tomamos con tranquilidad. Aunque hace un día soleado, no está completamente despejado y hace frío, así que nos abrigamos. Cuando estamos preparando el carro y las cosas que llevaremos llega una autocaravana de unos españoles. Hablamos largo y tendido con ellos. Van a Bruselas y a Ámsterdam y les damos todos los planos y la información que tenemos. Se nota que llevamos 20 días hablando únicamente entre nosotros y que teníamos ganas de hablar con alguien durante un rato y en español.

Al final salimos a las 12 y damos un paseo por calles que ayer no habíamos visto. La verdad es que prácticamente todo el casco antiguo guarda alguna sorpresa. Vemos el antiguo hospital y el Begijnhof que ayer estaba cerrado.

Comemos y decidimos qué hacer; no tenemos nada claro, si continuar y visitar Ostende o Tournai o comenzar la vuelta a casa. En un momento de, no sé si llamarlo lucidez o estupidez, decidimos irnos y aprovechar la siesta de Daniel al máximo.

Se nos habían olvidado los peajes franceses y en dos atacadas nos dejamos 40 €... además la gasolina está carísima en la autopista, la vemos incluso a 1,30 €. Salimos de la autopista para llegar a nuestro primer destino intermedio (Beaugency) y en el camino hay un Super U, un Intermarché y un E'Lecrec todos con gasolinera y el gasoil a 1,09, así que aprovechamos, son 95 €. Ya anocheciendo llegamos al área de Beaugency, un pueblo a orillas del Loira y por el que ya pasamos el año pasado con intención de quedarnos en el área gratuita (N 47° 46' 46"; E 1° 38' 11"). No recordábamos que habíamos estado hasta que hemos llegado al área y la vemos. A los dos nos suena un montón y nos acordamos de que no nos quedamos porque estaba llena... este año sólo hay una plaza, muy estrecha, pero suficient. El área está a reventar, hay más de 20 autocaravanas y este año hay una máquina para pagar que no funciona (tiene una pantalla táctil pero está bloqueada). Nos damos un paseo por el pueblo (está a 5 minutos), que está mono, y nos volvemos para dar de cenar a Daniel que ya se sube por las paredes.

DÍA 23: BEAUGENCY → ONDRES PLAGE

Aunque anoche hacía más calor del que estamos acostumbrados, esta mañana había refrescado bastante.

Vamos por la autopista, y cómo no, dos peajes hasta Poitiers por un importe de unos 30 €, pero aquí nos vamos a la N10 que es una autovía limitada a 110 km/h y gratis...

aunque tiene algunos tramos que todavía no está desdoblada y con cruces limitados a 70 km/h, merece la pena, ya que en conjunto está muy bien y te ahorras 200 km de autopista y encima el trayecto es 20 km más corto. Ya tarde paramos en un área de descanso en una pinada. Hacemos la comida, un picnic y Daniel puede estirar un rato las piernas. Estamos a unos 45 km de Burdeos.

Entramos a Burdeos únicamente a comprar *kouignettes* en la pastelería Larnicol (N 44° 50' 31", E 0° 34' 28"). El año pasado los descubrimos y son unos dulces realmente deliciosos...

Continuamos viaje y llegamos al área de Ondres Plage que está llena (N 43° 34' 35", W 1° 29' 12"). El guarda muy amable nos dice que nos quedemos en medio, y que luego nos moverá, pero es tal la demanda que al final nos deja donde estamos. Siguen llegando autocaravanas y ya hay 7 fuera. El día son 9 € y tienes todos los servicios incluso luz, además la barrera está rota y mucha gente aprovecha para cargar y descargar. El vigilante se va a eso de las 20:30 y el año pasado a las 8 de la mañana ya estaba despertando a la gente y cobrando a los que se habían quedado fuera.

Bajamos a la playa, disfrutamos del calor y, aunque no nos bañamos, se podría, y nos quedamos hasta la puesta de sol que, gracias a que está completamente despejado (en todo el día casi no hemos visto ni una nube), es impresionante.

DÍA 24: ONDRES PLAGE → AVILA

Por la mañana, antes de desayunar, nos acercamos a una de las múltiples *boulangeries* que hay en la carretera que nos lleva a Bayona, a pocos kilómetros del área, vamos a una que ya conocemos y que es espectacular y todo lo que venden es recién hecho, además se puede aparcar en la carretera, en frente. Compramos una gran cantidad de croissants normales, con almendras, *pain au chocolat* y pan. Nos pegamos un desayuno impresionante y llevamos de sobra para mañana, que calentándolos en el horno, serán un desayuno espectacular en Ávila. Paramos en el Carrefour de Bayona y compramos quesos y algunas cosillas que nos faltaban y así descansamos un poco antes del atracón de kilómetros. A eso de las 14 horas paramos cerca de Vitoria, hacemos la comida y aprovechamos la siesta de Daniel para llegar a Ávila por la tarde.

Aunque no hemos llegado a casa, a Albacete (nos quedan 385 km), damos por terminado el relato, tras casi 6.000 km y muchas vivencias, pueblos y ciudades visitadas...

Ha sido un largo viaje completamente recomendable.

INFORMACIÓN TURÍSTICA

En esta sección hemos copiado directamente de Wikipedia aquella información que se recoge en esta enciclopedia libre de los lugares por los que hemos pasado, parado o visitado. Somos unos fervientes defensores del copyleft y este libro se distribuye bajo licencia Creative Commons. Todo lo copiado está convenientemente citado.

En nuestra opinión, el conocimiento es de la Humanidad, si mercantilizamos la cultura, ésta se pudrirá y quedará en manos de los intereses económicos... una globalización de la cultura nada enriquecedora.

Esta información no pretende ser exhaustiva, además tampoco están todos los lugares que hemos visitado (para más detalles leer el "día a día"), pero creemos que puede ser la información básica para entender o conocer el lugar que hemos visitado. A nosotros nos gusta entre destino y destino, leer este tipo de información y así, cuando llegamos, sabemos más o menos qué era o para qué se hizo una u otra cosa.

Hemos ordenado las entradas alfabéticamente. Esperamos que os sea útil, y, sobre todo, os entretenga.

Alkmaar

Alkmaar es una localidad neerlandesa de la provincia de Holanda Septentrional, con una población de unos 94.000 habitantes.

La municipalidad también comprende las localidades de Koedijk y Oudorp. Estas localidades que antes formaban núcleos separados están hoy unidas por la urbanización efectuada entre los años 70 y 90 del siglo XX, durante los cuales la ciudad dobló su número de habitantes.

Alkmaar obtuvo la carta de municipalidad en 1254. La parte más antigua de la ciudad está asentada sobre un banco de arena que ofrecía alguna protección contra el mar. Aun así la ciudad está a solo unos metros por encima del resto del área, que constituye uno de los polders.

En 1573 la ciudad fue asediada por las tropas de Felipe II durante la guerra de los Ochenta Años. El fin del asedio de Alkmaar en 8 de octubre todavía se celebra cada año en la ciudad.

Actualmente la ciudad es más conocida por su tradicional mercado de quesos, especializado en las variedades locales. La ciudad tiene un museo del queso y un museo de la cerveza y también es conocida por el club de Fútbol AZ que en el transcurso del año 2006 estrenó un estadio nuevo a la orilla de la ciudad.

El mercado de queso de Alkmaar en la Waagplein, es uno de los destinos populares turísticos de Holanda. Tradicionalmente el mercado de queso comienza el primer viernes de abril y el último día de la temporada es el primer viernes de septiembre. Cada viernes por la mañana (10.00-12.30 a.m.) el Waagplein es el escenario para este mercado tradicional del queso. Luego del saludo antiguo del golpe de manos, los comerciantes y los auxiliares que los transportan proceden a pesar los quesos. Es uno de los cuatro mercados de queso neerlandeses que aún existen. Este mercado de quesos comercia las variedades de queso que se producen en la zona loca, en contraposición con otras famosas marcas de quesos holandeses tales como el queso Edam y el queso Gouda. Sin embargo no es posible comprar queso en el mercado mismo, el cual es unicamente una demostración de como los meracders operaban en el mercado en épocas pasadas. Sin embargo, la demostración, que se realiza enfrente de la casa de pesaje medieval, se encuentra rodeada por numerosos puestos especializados en los que es posible comprar todo tipo de quesos y otros productos relacionados.

La Waag (o casa de pesaje) aloja a la oficina de turismo local y al museo del queso. Alkmaar también tiene dos teatros y un cine.

En Achterdam se encuentra la zona roja, y la zona de vida nocturna de Alkmaar se desarrolla en los pubs que se encuentran enfrente del mercado del queso. Parte de esta información ha sido tomada de:

http://es.wikipedia.org/wiki/Alkmaar (Acesso 07-98-10).

Afsluitdijk

El Afsluitdijk (dique de cierre) es un dique que conecta el norte de Holanda Septentrional con la provincia de Frisia, en los Países Bajos, cerrando el IJsselmeer y separándolo del mar de Frisia.

Tiene una longitud de 32 km, una anchura de 90 m, y una altura original de 7,25 m sobre el nivel del mar. Aunque inicialmente estaba previsto que por encima pasaran tanto una vía de tren como una carretera, al final, el espacio de la primera fue aprovechada para el ensanchamiento de la segunda, que actualmente es una autopista de dos carriles por sentido (la A7 o E22). Un carril específico para bicicletas corre paralelo a la autopista.

En 1886 se estableció por parte de notables locales la Asociación del Zuiderzee con el objetivo de determinar si era posible su cierre y polderización. El ingeniero Cornelis Lely era un miembro prominente y diseñó en 1891 el primer plano de cierre. En 1913, mientras Lely era ministro de obras públicas, el programa de polderización fue adoptado por el gobierno, a pesar de las protestas del sector pesquero. En 1916 unas inundaciones por culpa de los temporales y mareas que periódicamente afectaban a las localidades de la zona serían el elemento detonante para la aprobación del proyecto, ocurrido en 1918 en el Parlamento neerlandés.

En junio de 1920 se abrió la primera parte de las obras: la construcción de un dique de 2,5 km que conecte Holanda Septentrional con la isla de Wieringen. Con este proyecto se adquirió mucha experiencia para la posterior ejecución de la totalidad de la obra.

La construcción del tramo principal empezó en enero de 1927. Se trabajaba en cuatro lugares diferentes: ambos extremos y dos islas especialmente construidas para la obra: Breezand y Kornwerderzand, ya en el trazado del dique. El material más utilizado serían restos morrénicos glaciares heterogéneos, que además de haberse demostrado científicamente mejores que la arena o arcilla puras, tenían la ventaja de ser ampliamente disponibles tanto en Holanda como con el simple limpiado del fondo del Zuiderzee. Los cimientos del dique son bloques de piedra hundidos.

El método de construcción fue esencialmente marítimo, con barcos que depositaban el material morrénico en dos líneas paralelas siguiendo el trazado previsto. El espacio entre ellas era llenado con arena hasta que sobresalía sobre el nivel del mar, y entonces se recubría con una gruesa capa de material morrénico. El dique emergido se reforzaba desde tierra con rocas basálticas y mallas. Finalmente, el dique se elevó aún más con arena y arcilla, donde se plantaba hierba.

La construcción progresó más rápidamente de lo que estaba previsto; tres puntos del recorrido donde había profundos canales y donde las corrientes eran bastante fuertes no resultaron tan problemáticos como se esperaba. Por medio de una última adición de material morrénico, el 28 de mayo de 1932, dos años antes de lo que estaba previsto, el Zuiderzee desapareció definitivamente, sustituyéndolo el IJsselmeer (si bien el cambio de nombre no fue adoptado hasta 4 meses después, y todavía era lógicamente salado). Después de los trabajos de finalización y pulimento, el Afsluitdijk fue oficialmente inaugurado el 25 de septiembre de 1933.

La cantidad de material utilizada se estima en 23 millones de m³ de arena y 13,5 millones de m³ de material morrénico. Durante la ejecución, entre 4.000 y 5.000 obreros trabajaron continuamente, aliviando los problemas de desempleo que siguieron a la Gran Depresión.

En la época en que se realizó la construcción no había ordenadores, y, en general, los medios utilizados serían muy simples comparados con los disponibles hoy en día. Por ello éste se considera uno de los hitos de la ingeniería civil, y consolidó definitivamente a los Países Bajos como uno de los abanderados en ingeniería marítima por todo el mundo.

El Afsluitdijk tiene complejos de esclusas en los dos extremos (Den Oever y Kornwerderzand), que permiten tanto el paso de barcos como la evacuación del agua sobrante del Zuiderzee. Desde 1998, sin embargo, se cree que su capacidad ya no es suficiente, y desde el 2001 se está buscando una localización para un tercer complejo de esclusas. Las razones para su realización son la subida del nivel del mar (cosa que dificulta la evacuación del agua), la erosión del fondo y un incremento del caudal del IJssel que fuerza a aumentar las cantidades a evacuar. Según la Ministra de Transportes Karla Peijs en 2006, después de 75 años, la presa necesitaba una amplia reforma. El dique es realmente muy bajo. La corona y el interno no son lo suficientemente resistentes a la erosión . Y los bloqueos ya no cumplen las normas vigentes. Después de aplazamientos por problemas financieros, se prevé que las obras empiecen en el 2008 y estén acabadas en el 2013.

Parte de esta información ha sido tomada de: http://es.wikipedia.org/wiki/Afsluitdijk (Acesso 07-09-10).

Amberes

Amberes, antiguamente conocida como Antuerpia (Antwerpen en neerlandés y Anvers en francés), es una ciudad situada en Bélgica que posee 466.203 habitantes (2007). Su gentilicio es amberino1 o antuerpiense.2

El nombre de la ciudad proviene de la leyenda de Silvio Brabo, cuya estatua puede verse en Grote Markt (Plaza Mayor). La leyenda cuenta que un gigante llamado Druoon Antigoon habitaba el río, cobrando un peaje a los barcos que quisieran pasar. Si un barco no pagaba, el gigante cortaba la mano del capitán y la arrojaba al río Schelde (Río Escalda). Un día, un Centurión Romano, cansado ya, cortó la mano del gigante y también la lanzó. De ahí surge el nombre de Amberes (Antwerpen), Ant = Mano, Werpen = Lanzar.

A inicios del Renacimiento esta ciudad perteneció a los Países Bajos Españoles. El siglo XV marca el inicio del desarrollo económico de la ciudad, que se convierte en uno de los centros comerciales más importantes del Norte de Europa: a mediados del siglo XVI, los impuestos recaudados por la Corona española en el puerto de Amberes igualaban a los ingresos por las minas de plata de Potosí.

En Amberes se editaron los primeros mapas impresos en planchas de cobre. El iniciador de este tipo de cartografía en 1570 fue Abraham Ortelius.

Amberes fue sede de los Juegos Olímpicos de 1920.

Actualmente es un importante centro en el tallado de diamantes.

Su puerto, con cerca de cincuenta kilómetros de muelles, es uno de los más importantes del continente europeo y es una plataforma de direccionamiento de las mercaderías tanto de exportación como de importación para Bélgica y otros países.

El puerto ha crecido por su ubicación estratégica en el norte de Europa y por sus costos competitivos en relación a los otros puertos importantes de esta zona, debido al análisis realizado por los usuarios desde el punto de vista CIF (Cost, Insurance and Freight).

Es la ciudad donde Pedro Pablo Rubens desarrolló gran parte de su formación y trabajo, y donde vivió los últimos años de su vida. El artista se ha convertido en símbolo de la ciudad, es fácil encontrar en calles y plazas estatuas y referencias a él. La catedral alberga tres de sus obras y otras notorias se pueden encontrar en el museo conocido como Casa de Rubens.

En lo referente a vida nocturna, Amberes es una ciudad muy animada dado que es una de las ciudades universitarias más importantes del país. El centro está repleto de bares donde se puede degustar, entre otras muchas, la cerveza propia de la ciudad, De Koninck.

También, junto a la catedral en la calle que la bordea por la izquierda está el bar más antiguo de la ciudad que ofrece una carta de cervezas con más de 150 variedades diferentes.

Otra visita interesante es la zona portuaria próxima al centro histórico donde se pueden ver distintos tipos de embarcaciones tanto de transporte como de recreo, en una exposición libre situada en antiguos almacenes.

La iglesia de Santiago (Sint Jakobskerk) es otro de los monumentos a visitar, ya que Amberes era una de las etapas importantes en el Camino de Santiago desde los Países Bajos.

Todos los domingos por la mañana, en la Grote Markt (Plaza Mayor) y a los pies de la estatua de la fuente del Brabo, se monta el mercado de las flores.

Parte de esta información ha sido tomada de: http://es.wikipedia.org/wiki/Amberes (Acesso 07-09-10).

Amsterdam

Ámsterdam4 (del neerlandés Amsterdam, [ˈmstər'dˈm]) es la capital oficial de los Países Bajos. La ciudad está situada entre la bahía del IJ al norte y a las orillas del río Amstel al sureste. Fue fundada en el siglo XII como un pequeño pueblo pesquero. Sin embargo, en la actualidad es la ciudad más grande del país, y un gran centro financiero y cultural a un nivel internacional.

Tiene una población de unos 750.000 habitantes, y en su área metropolitana residen aproximadamente 1,5 millones. Cabe destacar que Ámsterdam forma parte de la gran conurbación holandesa, llamada Randstad (junto con las ciudades de La Haya y Róterdam), que cuenta con más de 6,5 millones de habitantes. Este núcleo es una de las conurbanizaciones más grandes de Europa.

El centro histórico de la ciudad fue construido en gran parte en el siglo XVII, y es hoy en día uno de los centros históricos más grandes de Europa. En aquella época se construyeron una serie de canales semicirculares alrededor del casco antiguo ya existente de la ciudad. Después se edificaron las nuevas calles que ahora habían sido creadas con casas y almacenes en un estilo típico holandés que es una de las imágenes más famosas de Ámsterdam y del país. Es conocida coloquialmente como la «Venecia del norte».

Aunque durante casi toda su historia (excepto entre 1808–1810) ha sido la capital oficial de los Países Bajos nunca ha sido la sede de la justicia, el gobierno o el parlamento holandés, ya que todos estos órganos se encuentran en la ciudad de La Haya, que por tanto es la principal ciudad del país con respecto a política y justicia. Ámsterdam tampoco es la capital de la provincia de Holanda Septentrional, que siempre ha sido Haarlem.

Ámsterdam, y toda Holanda, tiene fama por la tolerancia, el liberalismo, la diversidad, y la «mente abierta» de su población (aunque actualmente estas virtudes estén en entredicho).

En los principios de su existencia, Ámsterdam no era nada más que un pueblo de pescadores. Según las leyendas, la ciudad fue fundada por dos pescadores de la provincia norteña de Frisia, que por casualidad acabaron en las orillas del río Amstel en un barquito, junto a su perro.

La fecha tradicional de la fundación de la ciudad es el día 27 de octubre del año 1275, cuando a sus habitantes se les retiró la obligación de pagar peajes, que por entonces estaban asociados con los puentes neerlandeses. En el año 1300 se le concedieron los derechos oficiales de ciudad, y a partir del siglo XIV Ámsterdam empezó a florecer como centro comercial, mayoritariamente a base del comercio con otras ciudades neerlandesas y alemanas, conocidas como la Liga Hanseática.

En el siglo XVI, comenzó el conflicto entre los neerlandeses y Felipe II de España. Esta confrontación causó una guerra que duró 80 años, y que finalmente le dio a los Países Bajos su independencia. Ya por esa época, después de la ruptura con España, la república neerlandesa iba ganando fama por su tolerancia con respecto a las religiones. Entre otros, buscaban refugio en Ámsterdam judíos sefardíes de Portugal y España, comerciantes de Amberes, y hugonotes de Francia, que en sus países eran perseguidos por su religión.

La plaza Dam a finales del siglo XVII, pintada por Gerrit Adriaensz. Berckheyde (Gemäldegalerie, Dresde, Alemania)

El siglo XVII se considera el Siglo de Oro de Ámsterdam. A principios de ese siglo, Ámsterdam se convirtió en una de las ciudades más ricas del mundo. Desde su puerto, salían embarcaciones hacia el mar Báltico, Norteamérica, África y las tierras que ahora representan Indonesia y Brasil. De esta forma fue creada la base de una red comercial mundial. Los comerciantes de Ámsterdam poseían la mayor parte de la Compañía Holandesa de las Indias Orientales o VOC. Esta organización se instaló en los países que luego pasarían a ser colonias de Holanda. En esa época Ámsterdam era el principal puerto comercial de Europa y el centro financiero más grande del mundo. La Bolsa de Ámsterdam fue la primera que funcionó a diario.

La población de la ciudad creció ligeramente de 10.000 en el año 1500, a 30.000 alrededor del año 1570. En el año 1700 este número ya había alcanzado 200.000. Durante los siglos XVIII y XIX y hasta antes de la Primera y Segunda Guerra Mundial, el número de habitantes incrementó a no menos de un 300%, alcanzando los 800.000 habitantes. A partir de entonces, y hasta la actualidad, el número ha sido relativamente constante.

Tras las guerras entre la república de Holanda y el Reino Unido y Francia, durante el siglo XVIII y a principios del siglo XIX, la prosperidad de Ámsterdam dejó de florecer. Sobre todo las Guerras Napoleónicas arrebataron las fortunas de Ámsterdam. Pese a ello, cuando se estableció oficialmente el Reino de los Países Bajos en el año 1815, la situación empezó a mejorar. En este período una de las personas clave de las nuevas iniciativas fue Samuel Sarphati, un médico y planificador urbano, que trajo su inspiración desde París.

Las últimas décadas del siglo XIX se suelen denominar como el «segundo Siglo de Oro de Ámsterdam», porque entre otros, se construyeron nuevos museos, una estación de tren y el Concertgebouw, que es el teatro musical de la ciudad. En el mismo período llegó a la ciudad la Revolución industrial. Se construyeron nuevos canales y vías marítimas para así mejorar la conexión entre Ámsterdam y el resto de Europa.

Justo antes de que empezara la Primera Guerra Mundial, la ciudad se comenzó a expandir, construyendo nuevos barrios residenciales y en las afueras. Durante la Primera Guerra Mundial, Holanda tomó una posición neutral, pero aun así la población sufrió mucha hambre y una grave falta de suministro de gas.

Alemania invadió Países Bajos el día 10 de mayo de 1940, tomando el control del país después de cinco días de lucha. Los alemanes instalaron un gobierno civil nazi en Ámsterdam, que se encargaba de la persecución de los judíos. También los neerlandeses que ayudaban y protegían a las víctimas, fueron perseguidos. Más de 100.000 judíos fueron deportados a campos de concentración. Entre ellos se encontraba Anne Frank. Solo 5.000 judíos sobrevivieron la guerra. Durante los últimos meses de la guerra, en 1945, la comunicación con el resto del país se cortó y la población sufrió una grave escasez de comida y energía. Muchos habitantes de Ámsterdam tuvieron que ir al campo en búsqueda de algún tipo de alimentación. Para sobrevivir, se consumieron perros, gatos o los bulbos de las flores. Muchos árboles de Ámsterdam se usaron para obtener energía, igual que la madera de las casas de los que habían desaparecido.

El escudo de Ámsterdam consiste en tres cruces denominadas las «cruces de San Andrés» en honor al apóstol Andrés que fue martirizado en una cruz con forma de "X". En el siglo XVI se añadieron los leones. Hay historiadores que creen que las cruces representan los tres peligros que más afectaron a Ámsterdam: inundación, incendio y la peste negra.

El lema oficial de la ciudad es: «Heldhaftig, Vastberaden, Barmhartig» ('Valiente, decidida y misericordiosa'). Estas tres palabras provienen de la denominación oficial concedida por la reina Guillermina de los Países Bajos en 1947, en honor al coraje de la ciudad durante la Segunda Guerra Mundial.

La Corona Imperial de Austria fue obsequiada a la ciudad en el año 1489 por Maximiliano I de Habsburgo para así agradecer los servicios y préstamos que Ámsterdam le había ofrecido. La corona significaba protección imperial y les servía a los comerciantes holandeses cuando se movían por el extranjero.

La ciudad tiene un clima moderado, bajo fuerte influencia del Océano Atlántico al oeste y los vientos que proviene de él. Los inviernos suelen ser fríos, pero no extremos, aunque temperaturas bajo cero son muy frecuentes. Suele nevar dos o tres días al año. Los veranos son calurosos con temperaturas alrededor de los 25 grados Celsius, pero tampoco extremos, salvo alguna ola de calor. Lo que sucede es que se trata de un clima extremadamente húmedo por lo que 25 grados pueden resultar muy agobiantes.

Aunque la ciudad sufre muchos días lluviosos, no recibe más de 760 mm de precipitaciones al año y casi siempre se trata de chubascos muy moderados. Esto es porque el tiempo es muy inestable y en un mismo día se pueden dar todas las posibilidades: sol, lluvia, nubes, granizo, etc.

Ámsterdam es la capital de Holanda con respecto a los negocios y las finanzas y durante la historia ha llegado a ser la ciudad europea de mayor importancia en el mundo y se mantiene ahora en los primeros lugares, compartiendo el liderazgo con Londres, Frankfurt, París y Bruselas entre otras ciudades.[cita requerida] Muchas empresas y bancos holandeses tienen sus principales oficinas en Ámsterdam, como ABN Amro, Heineken, ING, Ahold, Delta Lloyd, Royal Dutch Shell y Philips.

El índice AEX de la bolsa de Ámsterdam (la bolsa más antigua del mundo), forma parte de Euronext, un holding al que pertenecen las bolsas de Paris, Bruselas, Lisboa y Ámsterdam.

Ámsterdam tiene dos universidades: la Universiteit van Ámsterdam ('Universidad de Ámsterdam') y la Vrije Universiteit ('Universidad Libre').

Otras instituciones universitarias incluyen una academia de arte, la De Rietveldacademie, y dos escuelas superiores, De Hogeschool van Ámsterdam y la Amsterdamse Hogeschool voor de Kunsten.

El Internationaal Instituut voor Sociale Geschiedenis ('Instituto Internacional de Historia Social') es un centro de investigación poseedor de un gran archivo, orientado específicamente a la historia del Movimiento obrero.

El transporte público de Ámsterdam consiste en conexiones de tren a cualquier parte de Holanda y a destinos internacionales como Amberes, Aquisgrán, Basilea, Berlín, Bruselas, Copenhague, Fráncfort, Hamburgo, Marsella, Moscú, París, Praga, Varsovia y Viena.

4 líneas de metro, y 1 línea nueva que se estrenará en 2013.

16 líneas de tranvías.

55 líneas de bus urbano.

Varias líneas de bus regional.

Varios ferrys (también para ciclistas).

La bicicleta. Ámsterdam es famosa por la enorme cantidad de bicicletas y es el centro mundial de la cultura de la bicicleta. Casi todas las calles principales tienen vías para ciclistas, y se puede dejar la bicicleta en cualquier sitio; en Ámsterdam hay unos 700.000 ciclistas, más de 7 millones de bicicletas [cita requerida] y 750.000 habitantes. Cada año, alrededor de 80.000 son robadas y 25.000 acaban en los canales de la ciudad. En el centro, conducir en coche es complicado, las tarifas de aparcamiento son muy altas, y muchas calles son peatonales o para ciclistas. La autopista A10 es la gran arteria de Ámsterdam y conecta con la A1, A2, A4 y la A8 para ir a cualquier sitio del país.

Aeropuerto. El Aeropuerto de Schiphol se encuentra a unos 3 metros por debajo del nivel del mar, siendo por esto el aeropuerto más bajo del mundo. Por tráfico de personas, es el mayor aeropuerto de Holanda por pasajeros con diferencia, el quinto de Europa (tras Londres Heathrow, Frankfurt, París Charles de Gaulle y Madrid-Barajas) y es el décimo aeropuerto del mundo. Es el tercer aeropuerto de Europa con mayor cantidad de operaciones de cargo (1.450 toneladas en 2005, tras París y Frankfurt). Cada año pasan unos 44 millones de viajeros por Schiphol. Es la base principal de las compañías aéreas Air France-KLM, Martinair y Transavia y también de la compañía estadounidense Northwest Airlines.

Es el principal aeropuerto que conecta Norteamérica con Europa, hay vuelos directos diarios a Atlanta, Boston, Calgary, Cancún, Ciudad de México, Chicago, Cincinnati, Denver, Detroit, Filadelfia, Hartford, Houston, Los Ángeles, Memphis, Miami, Minneapolis, Montreal, Nueva York, Newark, Orlando, San Francisco, Seattle, Toronto, Vancouver y

Washington D.C.. Además, el Aeropuerto de Schiphol es el principal aeropuerto entre Europa y Asia.

El recinto del aeropuerto cuenta con una estación de tren en el subsuelo que facilita la conexión con la estación central de la ciudad de Ámsterdam, con una frecuencia de 15 minutos y las principales ciudades del país. Es parada, además del tren de alta velocidad Ámsterdam–Bruselas–París, del denominado Thalys.

Para llegar en tren desde el aeropuerto de Ámsterdam Schiphol al centro de la ciudad, vaya a la terminal de la estación que se encuentra en la plaza central y verá el tren que lleva a la Estación Central de Ámsterdam. El viaje tarda aproximadamente unos 20 minutos y tiene una frecuencia entre trenes de aproximadamente 15 minutos, entre las 6:00 y las 24:00. El billete cuesta 3.90 € y puede comprarlo en las máquinas expendedoras. Hay billetes de varias clases diferentes, y por eso hay que tener cuidado al elegir la opción, ya que el billete de 1a. clase cuesta 6.60 €.

Lugares de interés turístico. En Ámsterdam se encuentran muchos museos de fama internacional, como el Rijksmuseum, el museo de arte moderno Stedelijk Museum y el Museum het Rembrandthuis o 'Museo de la Casa Rembrandt', que fue el hogar y taller de Rembrandt, y exhibe una interesante colección de aguafuertes de su autoría; el Museo van Gogh, que posee la mayor colección de pinturas de Van Gogh en el mundo; el museo de Cera Madame Tussaud, o el Museo del cine, también conocido como Filmmuseum.

También la Casa de Anne Frank, convertido en museo, es un destino turístico muy popular, así como el Museo Amstelkring en cuya buhardilla se encuentra una iglesia católica clandestina del siglo XVII.

El Hortus Botanicus, fundado a comienzos de la década de 1660, es uno de los más antiguos jardines botánicos del mundo, con muchas antiguas y raras especies, entre las cuales está la planta de café de la cual salió el esqueje que sirvió como base de las plantaciones en América Central y América del Sur. (El esqueje fue un regalo a Luis XIV de Francia y fue llevado a la colonia francesa de Martinica en 1714, donde fructificó).

También en esta ciudad se encuentra la conocida fábrica de cerveza Heineken, que también tiene su museo.

El club deportivo Ajax Ámsterdam tiene su sede y su estadio Ámsterdam Arena en esta ciudad.

También la prestigiosa sala de conciertos Concertgebouw es sede de la igualmente famosa orquesta sinfónica Orquesta Real del Concertgebouw, que dio su primer concierto el 3 de noviembre de 1888.

Hay numerosos edificios, iglesias, plazas, puentes y otros, que merecen una visita, de igual manera los numerosos eventos que se realizan a través de todo el año. Una fecha más que interesante para visitar la ciudad es el Día de la Reina, o Koninginnedag, cada 30 de abril. Ese día todos los habitantes de la ciudad sacan a vender a la calle todo tipo de cosas, principalmente objetos de la casa que ya no utilizan. La ciudad se vuelve un mercadillo y una verdadera fiesta y las calles están abarrotadas de gente vestida y disfrazada con el color de la casa real, el naranja.

El ambiente gay. Ámsterdam tiene bastante ambiente gay, sobre todo alrededor de la calle Reguliersdwarsstraat, al lado del Rembrandtplein.

Desde 1989 está el Club iT, uno de los clubs gays más grande de Europa. Pese a que hoy en día muchas otras ciudades europeas como Londres, Bruselas, Berlín, Madrid,

Barcelona y Sitges tienen fama por su tolerancia a los gays, Ámsterdam sigue siendo la ciudad gay más importante de Europa, y todavía es una de las ciudades más diversas del mundo, pese a su tamaño relativamente pequeño.

Eso porque la revolución sexual empezó muy pronto en Holanda y más que nada en Ámsterdam. A finales de la década de 1960, cuando era una de las principales ciudades de los hippies (con Londres y San Francisco), muchos tabúes de esa época desaparecieron, como la desigualdad entre hombres y mujeres, y se luchó por la libertad de expresión en general y en particular por el derecho a usar preservativos, o el derecho a la inseminación artificial para mujeres solteras; asuntos que en la década de 1960 todavía eran grandes tabú en toda Europa.

Aceptar a los gays y lesbianas, para muchos holandeses (aunque no todos) ya es cosa del pasado. Quizás debido a la poca importancia que los holandeses dan a asuntos como la orientación sexual de las personas, ya que se considera algo que no interesa. Por todo ello, en Ámsterdam es habitual ver a una pareja gay abrazada, o con uno o más hijos, ya que tanto el matrimonio gay, como la adopción de niños por parejas del mismo sexo están legal y completamente aprobados.

Existe un monumento conmemorativo en el centro de Ámsterdam, el Homomonument, consistente en tres losas triangulares de granito rosado, que simbolizan los triángulos rosa que los prisioneros homosexuales del nazismo durante la Segunda Guerra Mundial, eran obligados a coser en sus uniformes. Se calcula que aproximadamente 50.000 homosexuales holandeses murieron en los campos de concentración.

El Distrito Rojo. Entre las zonas más populares de la ciudad se encuentra el barrio chino, conocido como el Distrito Rojo o Red Light District, por el color de las luces que iluminan los locales donde se muestran, a través de escaparates, las prostitutas que trabajan en esta zona de la ciudad. La prostitución en Holanda está completamente legalizada en zonas designadas para ella. El Distrito Rojo, denominado coloquialmente «De Wallen» en referencia a dos canales o wal que lo cruzan, está ubicado en pleno centro de Ámsterdam, entre las calles Warmoesstraat, Zeedijk, Nieuwmarkt, Kloveniersburgwal y Damstraat. Otras ciudades, como Utrecht, La Haya, Groninga y Haarlem, tienen también sus propios distritos rojos.

Los cafés. En el Distrito Rojo, al igual que en otras partes de la ciudad, los llamados coffee shops venden pequeñas cantidades de marihuana, en general de muy alta calidad ecológica, esto se tolera mientras sean cantidades pequeñas (hasta 5 gramos diarios), y a condición de que tanto el comprador como el vendedor sean mayores de edad. Esta controvertida situación es llamada gedoogbeleid o «política de tolerancia». Así mismo a los vendedores de marihuana de los coffee shops no se les permite tener más de medio kilo de marihuana al día. Los coffee shops son uno de los principales atractivos de Ámsterdam sobre todo entre los turistas jóvenes y gracias a estos, el Estado percibe una gran remuneración económica a través de los impuestos elevados que este producto tiene. Los coffee shops son, además de un sitio para consumir marihuana, un lugar de encuentro, ya que son muchos los que suelen rondar estos cafés al día.

Nuevos barrios. En 1975 las autoridades decidieron urbanizar la parte oriental del puerto, creando cuatro islas unidas al resto de la ciudad por puentes: KNSM, Java, Borneo y Sporenburg. En primer lugar se hizo la infraestructura, construyendo calles y puentes y dotándolas de transporte público; se aprobó una densidad de 100 viviendas por Ha. Hay diferencias entre las distintas islas:

KNSM, diseñada como un conjunto por el arquitecto Jo Coenenc en 1987, tiene grandes bloques de viviendas separadas por amplios espacios.

Java, diseñada por Sjoerd Soeters, está dividida por canales y tiene dos tipos de construcciones: bloques destinados cada uno a habitantes concretos: familias, residentes de la 3ª edad, solteros... y algunas viviendas unifamiliares.

Borneo y Sporenburg tienen, en su mayor parte, viviendas unifamiliares, sin ningún comercio entre ellas.Parte de esta información ha sido tomada de: http://es.wikipedia.org/wiki/Amsterdam (Acesso 07-09-10).

Brujas

Brujas (Brugge en neerlandés, Bruges en francés) proviene del noruego antiguo "Bryggia" (puentes, muelles, atracaderos). Es interesante destacar que en el idioma flamenco/neerlandés Brug significa "puente", y que esta ciudad ostenta como nombre el plural de esta palabra debido a la gran cantidad de puentes que en ella existen. Es la capital de la región belga de Flandes Occidental. Situada en el extremo noroeste de Bélgica a 90 kilómetros de la capital Bruselas, cuenta en su núcleo urbano con una población de 117.000 habitantes.

El mayor atractivo de Brujas es su casco histórico declarado Patrimonio de la Humanidad por la Unesco en el año 2000. Aunque en gran parte reconstruido, dicho centro urbano es uno de los más grandes atractivos turísticos centroeuropeos, ya que mantiene intactas las estructuras arquitectónicas medievales. Al igual que Ámsterdam y Estocolmo, entre otras, Brujas es conocida como la Venecia del norte debido a la gran cantidad de canales que atraviesan la ciudad, y a la belleza de los mismos.

Brujas fue Capital Europea de la Cultura en 2002, junto con Salamanca. Es además sede permanente del Colegio de Europa.

Brujas ha sido ciudad desde el siglo XI. Hacia el 1050, la constante sedimentación fue cerrando la importante salida de la ciudad al mar. Por suerte, una tormenta en 1134 creó un canal natural de salida. Este hecho y la importante y emergente industria de la lana, hizo que la ciudad creciese enormemente, construyéndose sus murallas bajo el patronazgo de los Condes de Flandes. La entrada de la ciudad en la Liga Hanseática, una federación de comercio de ciudades de los Países Bajos, Alemania y Escandinavia, sólo trajo más beneficio a una ciudad que se estaba convirtiendo en una de las más ricas de Europa.

La entrada de Flandes como parte del Reino de Francia en 1297, y la resistencia a aceptar las políticas provenientes de la corona por parte de los flamencos, resultó en un aumento de las tensiones sociales, las cuales empeoraron con la encarcelación por parte de Felipe IV de Francia del Conde de Flandes y el nombramiento de un nuevo gobernador.

El 18 de mayo de 1302, tras haber sido expulsados de sus hogares para poder acoger a las tropas del ejército francés, el pueblo de Brujas volvió a la ciudad, instigados por Jan Breydel y Pieter de Coninck, y asesinó a cualquier francés que lograran encontrar. Cuenta la leyenda que identificaban a los franceses haciéndoles pronunciar la frase "schild ende vriend" (escudo y amigo), una frase muy identificativa por la pronunciación de los habitantes de la región. Al parecer, los franceses tenían muchas dificultades en pronunciar el sonido [sx] de schild. Dicha masacre es conocida como los Maitines de Brujas.

Felipe IV de Francia mandó una fuerza para acabar con los insurrectos, enfrentándose a ellos y a las fuerzas del Conde de Flandes en la batalla de las Espuelas de Oro, en la que los franceses sufrieron una tremenda derrota.

El establecimiento de Felipe III, el bueno con su corte en la ciudad, trajo una prosperidad cultural importante a la ciudad en el siglo XV. En esta época estuvieron en el exilio en la ciudad Ricardo III y Eduardo IV de Inglaterra. También en esta época William Caxton imprimió en Brujas el primer libro en inglés impreso.

A partir del siglo XVI, los sedimentos habían cerrado sensiblemente el canal abierto, por lo que el poder económico de la ciudad sufrió un serio revés.

Como ya ha sido mencionado, el casco histórico de Brujas bien conservado fue declarado Patrimonio de la Humanidad por la UNESCO en el año 2000. En dicho centro histórico, cuyo historia se remonta a la Edad Media, el estilo neogótico reinaba en el siglo XIX y gran parte de la ciudad fue reconstruida en el dicho estilo.

El Campanario (Belfort en neerlandés) y el Mercado Cubierto (Hallen en neerlandés) están situados en la Plaza Mayor (Grote Markt en neerlandés). Esas obras tal y como las vemos actualmente, se fueron ejecutando en diferentes fases de construcción: primero solamente había un mercado cubierto. En 1240 se construyó por primera vez un campanario con aguja de madera, que fue destruido por un incendio en 1280. Entre 1483 y 1487 se edificó la estructura cuadrada de la torre y después de numerosos incendios y restauraciónes durante los siglos siguientes, el campanario tiene hoy en día una altura de 83 metros. En cuanto a la función de estas obras, en el mercado cubierto principalmente se vendió lana y paño, mientras que el campanario cumplió la función de centro administrativo y también de vigía para proteger la ciudad contra la catástrofe de los incendios, haciendo sonar la campana en señal de alarma ante el mínimo indicio de fuego.

La Plaza Burg (Burg en neerlandés) es una fortaleza histórica de Brujas. Esta fortaleza amurallada tuvo una superficie de hasta 1 hectárea con varias puertas de entrada. El conde Arnulf I (889-965) hizo de este lugar un centro poderoso que tiene una función civil. Tanto la iglesia dedicada a Nuestra Señora y a San Donato, como el capítulo de canónigos que estaban integrados en la fortaleza, desempeñaron la función religiosa dentro del recinto. La plaza Burg está rodeada por diferentes edificios históricos como el Ayuntamiento y la Basílica de la Santa-Sangre y hoy en día es una atracción turística importante de Brujas.

El Ayuntamiento de Brujas (Stadhuis van Brugge en neerlandés) se encuentra en la plaza Burg. Fue construido en el estilo gótico-florido de 1376 hasta 1421 y es uno de los ayuntamientos más viejos de los Países Bajos. Esta casa civil tiene dos salas muy conocidas: la Sala Gótica y la Sala Histórica. En la Sala Gótica hay numerosos murales históricos y una bóveda colgante de madera impresionante. En la Sala Histórica están expuestos documentos y pinturas relacionadas con la rica historia de Brujas. La grandeza del Ayuntamiento es una muestra de la expansión económica de Brujas durante el siglo XIV.

Las puertas de Brujas (Brugse stadspoorten en neerlandés) fueron construidas en tres fases:

Cuando la Plaza Burg fue fortificada durante la primera mitad del siglo IX, se hicieron las cuatro primeras puertas: la puerta Occidental (Westpoort en neerlandés), la puerta Oriental (Oostpoort en neerlandés), la puerta Septentrional (Noordpoort en neerlandés) y la puerta Meridional (Zuidpoort en neerlandés). Durante la segunda fase en los años 1127-1128 se edificaron los corros de Brujas, que consistían en siete puertas como la puerta Flamenca (Vlamingpoort en neerlandés). La tercera y última fase siguió en el año 1297, cuando se construyeron otras siete puertas de las que hoy sólo sobran cuatro: la puerta del Asno (Ezelpoort en neerlandés), la puerta de Gante (Gentpoort en neerlandés), la puerta de la Santa Cruz (Kruispoort en neerlandés) y la puerta Mariscal (Smedenpoort en neerlandés).

Las Casas de Caridad (Godshuizen en neerlandés) se encuentran por todas partes en el centro antiguo de Brujas. Se caracterizan por ser casas pequeñas, blanqueadas con cal y agrupadas alrededor de un patio. Fueron construidas por gremios y burgueses ricos durante el siglo XIV para hospedar a sus miembros viejos o enfermos, principalmente por motivos caritativos, pero además con el objetivo de salvar sus almas. Cada conjunto de casas tenía su propia capilla para que los habitantes pudieran agradecer al bienhechor, asistiendo a rezar cada día. Con la construcción de esas casas las familias ricas querían además ganar prestigio, poniendo su nombre en la fachada de las casas.

El beguinaje Ten Wijngaerde (Begijnhof Ten Wijngaerde en neerlandés) está situado en el sur de Brujas. Originalmente fue un convento para beguinas, que eran mujeres que vivían juntas para llevar una vida religiosa sin hacer la profesión. El Beguinaje está compuesto de una iglesia de estilo gótico y unas treinta casas blanqueadas con cal construidas alrededor de un jardín. Hoy en día ya no viven beguinas en el Beguinaje, pero desde hace 1927 reside una comunidad conventual de benedictinas. Desde entonces el Beguinaje fue transformado en el Monasterio De Wijngaard (Monasterium De Wijngaard en neerlandés), un convento para monjas benedictinas parroquiales.

Con su altura de 122,3 metros, la Iglesia de Nuestra Señora (Onze-Lieve-Vrouwekerk en neerlandés) es el segundo edificio de ladrillo más alto del mundo. Fue construida en estilo gótico en el siglo XIII. La Iglesia de Nuestra Señora está caracterizada por sus dos torres escaleras. A pesar de la desaparición de muchos de sus tesoros, esta iglesia sigue siendo rica en objetos de arte: la obra muy famosa de Miguel Ángel "Madonna y el niño" se encuentra aquí, así como también el tríptico delante del altar mayor de la Iglesia que representa "El Monte Calvario" ("De Calvarieberg" en neerlandés) con la muerte de Jesucristo en la cruz, del pintor de la corte de Margarita de Austria, Bernard van Orley. Además, encima de los bancos del coro se encuentran treinta escudos del Orden del Toisón de Oro, de los cuales el primero de la izquierda es el de Carlos el Temerario.

La Iglesia de Nuestra Señora es sobre todo famosa por los mausoleos pintados de María de Borgoña y de su padre Carlos el Temerario. María de Borgoña murió en el año 1482 en Brujas, pero su padre murió fuera, y fue su nieto Carlos V quien transportó los restos mortales del bisabuelo desde Francia hasta Brujas. Sus mausoleos fueron diseñados en el estilo gótico. Ambos monarcas están representados según la costumbre medieval: tumbados, con las manos juntas y los ojos abiertos. A sus pies se encuentran un león y un perro como símbolos de la fuerza masculina y de la fidelidad femenina.

La Catedral de San Salvador (Sint-Salvatorskathedraal en neerlandés) está situada en el Sudoeste de la ciudad, es la sede del obispo de Brujas y la iglesia más importante de la ciudad. Se construyó en el siglo IX como una pequeña capilla de estilo románico, cuando la sede del Obispo de Brujas y el edificio religioso más importante de la ciudad era la Catedral de San Donato, situada frente al Ayuntamiento. La actual Catedral de San Salvador ha sufrido cuatro incendios en su historia, y fue después del tercero (1358) que se aumentó su extensión con una ala de coro y cinco capillas radiales.

A finales del siglo XVIII los ciudadanos franceses de Brujas ahuyentaron al obispo y destruyeron la catedral de San Donato. En 1834, después de la Independencia de Bélgica, de nuevo se instaló un obispo en Brujas y en este tiempo la pequeña Iglesia de San Salvador recibió el título de catedral. Después se le construyó una torre más impresionante de estilo neorrománico. La catedral ha experimentado en su historia la influencia de muchos estilos diferentes: el estilo románico, el estilo gótico de la Escalda (Scheldegotiek en neerlandés), el estilo gótico-florido y el estilo neogótico. La Catedral de San Salvador alberga numerosas obras de arte de la destruida Catedral de San Donato, como unos tapices de Bruselas y un retrato del conde asesinado Carlos el Bueno (Karel de Goede en neerlandés).

Parte de esta información ha sido tomada de: http://es.wikipedia.org/wiki/Brujas (Acesso 07-09-10).

Bruselas

Bruselas (Bruxelles [b□y□s□l] en francés, Brussel en neerlandés, Brüssel en alemán), es la capital de Bélgica,1 y la principal sede administrativa de la Unión Europea (UE).

Bruselas es también la capital de la Región de Bruselas-Capital, de la Región Flamenca2 y de las comunidades flamenca y francesa de Bélgica.3 Es también sede de la Comisión Europea, del Consejo Europeo y una de las dos sedes del Parlamento Europeo. La ciudad también es la sede política de la Organización del Tratado del Atlántico Norte (OTAN).

El nombre oficial es Ciudad de Bruselas (en francés Ville de Bruxelles o Bruxelles-ville, en neerlandés Brussel-stad). Se utiliza para evitar la confusión entre el municipio y la región.

Desde que se convirtió en capital de Bélgica, Bruselas se ha rodeado de una aglomeración urbana que ha sobrepasado con mucho el territorio de la antigua ciudad y se ha extendido por muchos municipios cercanos. A excepción de los desaparecidos municipios de Laeken, Neder-Over-Heembeek y Harén, esta expansión se ha hecho sin absorber los municipios que la rodean, por lo que administrativamente hay que distinguir tres entidades:

El municipio (comuna) de Bruselas llamado Ciudad de Bruselas de 145.000 habitantes. Se trata del centro histórico (a veces llamado el pentágono) rodeado por las zonas que le han sido anexionadas, es decir, los bulevares del "pequeño cinturón": las antiguas comunas fusionadas en 1921 al norte; los barrios europeo y Cinquantenaire al este, el eje de las avenidas Louise y Roosevelt y por último el bosque del Cambre.

La Región de Bruselas-Capital; que junto con Flandes, la Valonia y los Cantones del Este de lengua alemana; es una de las cuatro regiones en que se ha dividido el estado federal belga. En ella habitan más de un millón de personas repartidas en 19 comunas o municipios que se extienden sobre una superficie de 161km². No hay separación física entre estos municipios, una calle puede extenderse a lo largo de varios de ellos y los servicios públicos suelen estar mancomunados. Lo más desconcertante para los foráneos es que puede haber varias calles de igual nombre, cada una en distintos municipios, aunque ellos no ven que hayan salido de "Bruselas".

El distrito (arrondissement) de Bruselas-Capital. Su superficie y población coincide con la región. Es una consecuencia de la división administrativa belga: Región-Distrito-Municipio. Dado que cada región de Bélgica está subdividida en Distritos, la región de Bruselas-Capital tiene también un distrito que realiza las funciones administrativas asignadas a ese nivel.

El Área metropolitana de Bruselas no se compone únicamente por las 19 comunas citadas anteriormente ni por su millón de habitantes, como ejemplo, el aeropuerto internacional de Bruselas está en Zaventem, un municipio de la provincia del Brabante Flamenco, ya fuera de la región de Bruselas.

Es difícil precisar la extensión total de su área metropolitana, a raíz de las diversas definiciones que sostienen los geógrafos y a la falta de una institución normativa oficial. También lo dificulta el hecho de que las áreas metropolitanas y de influencia de las ciudades de Flandes se superponen unas sobre otras, pudiéndose considerar prácticamente una gran conurbación.

Durante la Alta Edad Media el territorio en donde está emplazada la ciudad de Bruselas era un área pantanosa con abundantes arroyos que formaban islas, en la más elevada de las islas fue fundada una ermita, en torno a la ermita luego se formó un burgo. En neerlandés medieval broek (pronúnciese [bruk]) significa pantano y sell significa ermita; esto es, la etimología de la ciudad de Bruselas es: "Ermita (del) pantano". Otros sin embargo sostienen que en un principio la ciudad se situaba en la Montaña de San Miguel y se hallaba habitada por los celtas antes de que fuera ocupada por los francos. De hecho, tiene una etimología muy próxima a la de la ciudad de la Galia Cisalpina «Brixellum», actual Brescello, que deriva de «briga» (altura) y «cella» (templo), es decir, un templo en las alturas.

La historiografía tradicional fecha la fundación de Bruselas en 979 pero ningún escrito o fuente arqueológica ha permitido corroborar esa fecha.4

— Edad Media

Hacia 1100: Los condes de Lovaina y Bruselas inician la construcción del primer castillo en la colina de Coudenberg.

Siglo XIII: Construcción de la primera muralla de la ciudad.

1356: 17 de agosto, Bruselas es tomada por el Condado de Flandes; pero es recuperada el 24 de octubre por el Ducado de Brabante.

1420: Construcción del Hotel de Ville en la plaza del mercado, ahora la Grand-Place.

— Edad Moderna

Durante el reinado de Carlos de Habsburgo (criado en Flandes), se restauró a Bruselas como capital del Brabante Flamenco y los consejos de gobierno comenzaron a realizarse allí.5 Esto atrajo inmigrantes a la ciudad que por primera vez supera la importancia de otras ciudades como Lovaina, Amberes y Malinas.

1556: Ceremonia de abdicación de Carlos de Habsburgo en el Aula Magna del Palacio de Coudenberg.

1561: 13 de octubre, inauguración después de diez años de trabajo del puerto interior de Bruselas y Canal Willebroeck que permite el acceso al Mar del Norte, a través del Rupel y el Escalda.

1695: 13 y 14 de agosto, tropas francesas infligen un terrible bombardeo a la ciudad.

1795: La ciudad es degradada a la categoría de sub-prefectura por las autoridades francesas.

— Edad contemporánea

1815: Bruselas pasa a formar parte del Reino de los Países Bajos, por una resolución del Congreso de Viena.

1830: Bruselas es la capital de Bélgica independiente

1832: Finalización de la excavación del canal de Charleroi-Bruselas iniciado en 1827.

1834: 20 de noviembre, se fundó la Universidad Libre de Bélgica, futura Universidad Libre de Bruselas.

1840: Creación du Quartier Leopold, el primer gran proyecto urbano, construido fuera de los límites de la histórica ciudad de Bruselas.

Desde 1850 a 1900 la población mayor de Bruselas se multiplica por tres desde 260.000 a 760.000 habitantes.

1880: Fiestas del cincuentenario de la independencia. Se funda el Parque del Cincuentenario.

1897: Primera Exposición Internacional en Bruselas.

1905: Septuagésimo quinto aniversario de la independencia. Con este motivo se inauguran las Arcades du Cinquantenaire.

1910: Exposición Universal de Bruselas.

1914: 19 de agosto , toma de Bruselas por parte del ejército alemán que solamente se retiró el 17 de noviembre de 1918.

1914: 26 de agosto: Nace el escritor Julio Cortázar

1921: Los municipios de Laeken, NEDER-Over-Heembeek y Haren se combinan en la Ciudad de Bruselas.

1940 - 1944: Ocupación de Bruselas por las tropas de la Alemania Nazi en el marco de la Segunda Guerra Mundial.

1944: Liberación de Bruselas por las tropas británicas.

1958:

Expo'58 en el sitio de Heysel, para la que se construye el Atomium.

Bruselas se convierte en una de las sedes de la Comunidad Europea.

1967:

El incendio en los grandes almacenes Innovation el 22 de mayo, deja 323 muertos, siendo la mayor tragedia en tiempos de paz que Bélgica ha sufrido desde su independencia.

La OTAN se trasladó a Bruselas.

1971: Creación de la aglomeración de Bruselas responsable de la gestión de las materias comunes a las 19 comunas de Bruselas.

1979: Milenio de la Ciudad de Bruselas (la fecha de 979 para su fundación, sin embargo, sigue siendo controvertida).

1985: "Tragedia de Heysel". Mueren 39 aficionados en el estadio de fútbol del mismo nombre durante la celebración de la final de la Copa de Europa entre la Juventus, de Italia, y el Liverpool, de Inglaterra. El partido no se llegó a suspender.

1989: Bruselas se convierte de pleno derecho una de las tres entidades federales de Bélgica, las primeras elecciones regionales y la creación de la Región de Bruselas-Capital, con su gobierno y su parlamento

2000: Bruselas es Capital Europea de la Cultura.

Desde el punto de vista meteorológico, se diría que Bruselas es de clima marítimo temperado. En pocas palabras, esto se traduce en inviernos relativamente suaves con algunos periodos de frío intenso , veranos templados y agradables e importantes precipitaciones repartidas a lo largo del año. Las temperaturas van de los 3 °C de media en invierno hasta máximas de 30 °C en verano. En julio y agosto, gracias a la ubicación de Bruselas, más en el interior, la sensación es un poco más cálida que en el resto del país. Aun así, las nubes pueden aparecer en cualquier momento, En otoño acostumbran a predominar las precipitaciones y los días grises, aunque raramente hace frío. De diciembre a febrero, los días son más cortos, con heladas matinales y temperaturas que pueden bajar de -5 °C al caer la noche(-14 °C el 6-1-09). Curiosamente, junio y noviembre acostumbran a ser los meses que más precipitaciones registran, con una media de 80mm. En general se tiende a decir que la mejor época para viajar a Bruselas es a finales de la primavera y a principios de otoño, con temperaturas templadas.

Barrio europeo de Bruselas. Debido a la tradición neutral del país en los diferentes conflictos europeos y aprovechando su ubicación geográfica central en el continente europeo, su capital fue designada para acoger los principales organismos de la unión desde sus inicios en los años 1950. Sin embargo la ciudad podría no haber nunca disfrutado de esta distinción si se hubiese aprobado el estatuto del Sarre en 1955.6

Bruselas es la sede de las instituciones de la UE: El Consejo Europeo, la Comisión Europea (Edificio Berlaymont), el Consejo de la Unión Europea (Secretariado general) y el Parlamento Europeo (aunque las sesiones plenarias también se realizan en Estrasburgo). Estos edificios se encuentran agrupados en lo que se conoce como barrio europeo dentro del cual destaca la plaza Robert Schuman en homenaje al "padre de Europa". La ciudad también acoge el edificio del Comité Económico y Social Europeo y del Comité de las Regiones y númerosas representaciones, tanto de estados miembros de la Unión como países externos que tienen en Bruselas sus misiones diplomáticas. Sin embargo, importantes órganos y agencias de la Unión tienen su sede en otras ciudades, tal es el caso del Banco Central Europeo (Fráncfort del Meno), el Banco Europeo de Inversiones (Luxemburgo), la Europol (La Haya) y la AEMA (Copenhague).

La Presidencia del Consejo de la Unión Europea es de carácter rotativo, cambiando de un país a otro en períodos de seis meses. Por su parte el despacho oficial del Presidente del Consejo Europeo y el Alto Representante de la Unión para Asuntos Exteriores y Política de Seguridad estan establecidos en Bruselas. Así mismo, la Unión dispone de un instrumento político y militar para llevar a cabo misiones humanitarias fuera de Europa, operaciones de mantenimiento de la paz y otras labores de gestión de crisis. Todo ello gracias al establecimiento del Comité Político y de Seguridad (CPS), del Comité Militar de la Unión Europea (CMUE) y del Estado Mayor de la Unión Europea (EMUE), sometidos a la autoridad del Consejo Europeo y con sede en Bruselas.8

En cuanto al ámbito cultural, la Casa de la Historia Europea abrirá sus puertas a partir de 2014 en el barrio europeo de la ciudad.

Por estas razones Bruselas está considerada oficiosamente la capital de la UE. La Oficina de Enlace Bruselas/Europa, creada en 1991 por el Gobierno de la región de Bruselas-Capital, busca promover la imagen de la ciudad como capital europea y sensibilizar a los habitantes en la vocación europea de su región.

La zona de influencia económica bruselense incluye una gran parte de las dos provincias del Brabante. Reúne las regiones que son formalmente dependientes económicamente de la capital y está ocupada por alrededor de 2,5 millones de habitantes.

El aeropuerto de Zaventem está ubicado al noreste de la ciudad.

Situada aproximadamente en el centro del país, Bruselas cuenta con alrededor de un millón de habitantes de los que una buena parte proceden de otros países (2 millones en su área metropolitana que se extiende por las provincias limítrofes de Brabante). Ciudad oficialmente bilingüe; una mayoría de los habitantes tienen como lengua cotidiana el francés (90 %, de ellos 1/3 lo componen los inmigrantes), y una minoría tiene el neerlandés (10%).

Bruselas tuvo una transición (afrancesamiento) que se efectuó durante varios siglos, pasando de ser una ciudad casi enteramente neerlandófona a ser una ciudad mayoritariamente francófona (57% de la población tiene el francés como lengua materna frente a un 7% que tiene el neerlandés como 1ª lengua), que tiene como lengua mayoritaria y lingua franca el francés. Esta transformación empezó en el siglo XVIII, pero tomó su amplitud cuando Bélgica se volvió independiente y Bruselas desbordó más allá sus murallas.9 10

La ciudad de Bruselas contiene en su seno cantidad de monumentos y museos notables, además de ser considerada el núcleo de galvanización de la historieta franco-belga, cuyo premio entrega anualmente, así como uno de los principales mercados mundiales de antigüedades. Su patrón es San Miguel.

La arquitectura de Bruselas es muy variada y cuenta con estilos que van desde las construcciones medievales de la Grand Place hasta los modernos y vanguardistas edificios de las instituciones de la Unión Europea. Las principales atracciones incluyen la famosa Grand Place, Patrimonio de la Humanidad por la Unesco desde 1988, con el Ayuntamiento de estilo gótico en el centro, la Catedral de San Miguel y Santa Gúdula y el Castillo Real de Laeken, con sus grandes invernaderos. En el entorno de la plaza se pueden observar las trazas de la antigua ciudad, de un estilo arquitectónico que en el país se conoce como estilo español, dado que los principales edificios históricos de estilo flamenco datan de la época en que la actual Bélgica, entonces Flandes, era una de las provincias del imperio de Carlos V. Otro emplazamiento notable es el Palacio Real de Bruselas.

El centro de la ciudad es conocido por sus edificios de estilo flamenco, particularmente las casas del estilo Art Nouveau realizados por el arquitecto Victor Horta. En el apogeo de este estilo, fueron desarrollados los nuevos suburbios de Bruselas, donde destacan los edificios de Schaerbeek, Etterbeek, Ixelles y Saint-Gilles. Otros ejemplos de este estilo es el palacio Stoclet, obra del arquitecto vienés Josef Hoffmann y declarado Patrimonio de la Humanidad en el año 2009.

El Atomium, construido para la Expo'58, es uno de los símbolos de la Bruselas moderna, con sus 103 metros de alto. Consta de nueve esferas de acero conectadas por tubos. Cerca de la mítica estructura se encuentra el parque Mini-Europa, con maquetas a escala 1:25 de los edificios más famosos de Europa.

Por otra parte, el Manneken Pis es una fuente de bronce de un pequeño niño haciendo pis y que se ha convertido en otro de los símbolos históricos de la ciudad. Otros lugares importantes de Bruselas son el Parc du Cinquantenaire con sus arcos del triunfo y sus museos cercanos, la Basílica del Sagrado Corazón, la Bolsa de Bruselas, el Palacio de Justicia y los edificios institucionales de la Unión Europea. La estatua de Europa (Unity in Peace) de la Comisión Europea en el jardín Van Maerlant (del escultor francés Bernard Romain)Etterbeek.

Los Museos reales de Bellas Artes de Bélgica son los más conocidos, con un Museo de Arte Antiguo y otro Museo de Arte Moderno, además de dos museos menores, dedicados en exclusiva a los pintores belgas Constantin Meunier y Antoine Wiertz, respectivamente.

También podemos visitar la casa museo de Victor Horta, principal representante del modernismo belga.

Asimismo es interesante visitar el Centro Belga de la Historieta (Centre Belge de la Bande Dessinée), que muestra la evolución de historietistas belgas como Hergé, André Franquin o Jean-Michel Charlier y algunos franceses, además de exposiciones temporales. La importancia de la bande dessinée (abreviado, BD) en Bruselas queda corroborada por los cientos de pinturas murales con motivos alusivos que la jalonan.

Hay otros muchos museos en Bruselas, como los museo de los instrumentos (Old England), del arte, del cacao o de la cerveza, o los siguientes:

Museo de Vestimenta y el Encaje, donde podemos contemplar una colección de trajes, bordados, encajes, puntillas, calados.

Museo David y Alice Van Buuren, que se encuentra en una casa decorada y construida con estilo Art Deco, y contiene obras de Van Gogh y Bruegel entre otros.

Museo de la Villa de Bruselas, donde podemos encontrar cuadros, tapices, iconografía, escritos históricos, etc.Toda la historia de Bruselas se encuentra aquí.

El famoso Teatro Real de la Moneda (La Monnaie) es una de las salas de ópera y ballet más bellas de Europa donde se representa una nutrida temporada de eventos musicales.

Parte de esta información ha sido tomada de: http://es.wikipedia.org/wiki/Bruselas (Acesso 07-09-10).

Echternach

Echternach (Luxemburgués: Iechternach) es una comuna con estatus de ciudad en el Cantón de Echternach, que es parte del distrito Grevenmacher, localizado al este de Luxemburgo. Echternach se encuentra cerca a la frontera de Alemania, y es la población más antigua de Luxemburgo. Tiene actualmente 4.610 habitantes.

Creció a los alrededores de la Abadía de Echternach, que fue fundada en 698 por San Willibrord, un monje inglés de Ripon, quien se convirtió en el primer obispo de Utrecht y trabajó para cristianizar a los frisios. Como obispo, dirigió el monasterio como abad hasta su muerte en 739. Es en su honor que las procesión danzada se lleva a cabo anualmente en Martes de Pentecostés. Este es el único baile como tal, de la región; había uno en el Monte San Jean en Dudelange.

El río Sauer que fluye a través del pueblo, ahora forma la frontera entre Luxemburgo y Alemania, pero en el Imperio Romano tardío y bajo los merovingios era un terreno malsano. La villa romana de Echternach (sus restos se redescubrieron en 1975) que fue parte de la sede de Tréveris (ahora en Alemania) fue entregada a Willibord por Irmina, hija de Dagoberto II, rey de los francos. Otras partes de la herencia Merovingio-romana fueron entregadas por Pepin a la abadía.

Echternach continuó teniendo patrocinio de la casa de Carlomagno. Aunque los monjes fueron desplazados de sus cánones seculares por el obispo de Trier, 859 - 971, y los edificios de Willibord se incendiaron en 1017, la basílica romana con torres simétricas aún aloja su tumba en su cripta. Como la abadía, con su famosa y floreciente biblioteca y scriptorium, el pueblo de Echternach se formó alrededor de las paredes externas de la abadía y le fue otorgado un estatus de ciudad en 1236. La abadía fue reconstruida en un atractivo estilo barroco en 1737. Los monjes fueron dispersos en 1797, y los contenidos de la abadía y de su famosa biblioteca fueron subastados. Algunos de los antiguos manuscritos de la abadía se encuentra en la Biblioteca Nacional de París. Una fábrica de porcelana fue establecida en la abadía, y el pueblo decayó, hasta que el tren atrajo turistas.

Hay dos iglesias en Echternach. La más grande es la basílica de la abadía de Willibrord (ahora una escuela), rodeada por la abadía del siglo XVIII y que se encuentra en el centro histórico y cultural del pueblo. La otra es la parroquia de San Pedro y San Pablo.

El pintoresco pueblo, todavía rodeado por sus paredes medievales con torres, fue gravemente dañado en la Segunda Guerra Mundial y ha sido minuciosamente restaurado; y es sede del Festival Internacional de Música desde 1975.

Parte de esta información ha sido tomada de: http://es.wikipedia.org/wiki/Echternach (Acesso 07-09-10).

Edam

Edam es una pequeña ciudad de los Países Bajos perteneciente a la comuna de Edam-Volendam, al norte de Ámsterdam, en la provincia de Holanda Septentrional.

Su población se sitúa en torno a los 7.380 habitantes, aunque todo el municipio de Edam-Volendam tiene 29.380 habitantes. El nombre de Edam procede de una presa en el río IJE donde se estableció el primer asentamiento y por ello se llama IJedam. Edam es famosa por ser la fuente original del queso con el mismo nombre.

La ciudad de Edam fue fundada alrededor de una presa hecha para cruzar el río por el Zuiderzee llamado ahora como el IJsselmeer. En torno a 1230 el canal fue represado, como los materiales para la presa debían cargarse en buques los habitantes de Edam podían cobrar peajes. De este modo creció como una ciudad comercial, obteniendo una riqueza añadida mediante la construcción naval y la pesca.

El conde Guillermo V de Holanda otorgó los derechos de ciudad a Edam en 1357. Una de las razones fue a causa de la guerra entre Hoeken y Kabeljauwen en la que se libró una batalla por el dominio sobre las ciudades de Holanda.

Gracias a los derechos ciudadanos la habitantes de la ciudad de Edam pudieron construir un nuevo puerto. Con el puerto la ciudad estaba conectada con las grandes ciudades en Holanda y con las rutas de comercio internacional. En el siglo XVI existían unos 33 muelles en Edam por lo que era una de las ciudades más importantes del Norte de Holanda, compitiendo con Enkhuizen, Hoorn y Amsterdam. También se le concedió el derecho a tener un mercado tres veces al año. Todos estos factores de un modo conjunto proporcionaron un gran impulso a la economía local.

Sin embargo, al estar en mar abierto existieron problemas de inundaciones en el interior y en 1544 el emperador Carlos V dio la orden de cerrar el puerto, con compuertas en las esclusas, que se construyeron en el centro de la ciudad en 1569. Esto causó sedimentación en el puerto y la industria de la construcción naval entró en un declive a finales del siglo XVII.

El mercado del queso fue el principal impulso de la economía de Edam en el siglo XVI. El 16 de abril en 1526 el emperador Carlos V otorgó a Edam el derecho a tener un mercado cada semana. En 1574 el príncipe Guillermo de Orange se le dio para toda la eternidad por como una señal de agradecimiento por la buena colaboración durante el asedio de Alkmaar.

El centro de la ciudad vieja dentro de los límites de las antiguas murallas, está hoy en día protegido por el gobierno, tanto de las estructuras principales y los detalles arquitectónicos. Una serie de edificios notables sobrevivir en buenas condiciones.

Grote Kerk o San Nicholaaskerk, que posee las dimensiones de una catedral, fue construida probablemente a principios del siglo XV. En 1602 y 1699 la iglesia sufrió incendios a gran escala después de los ataques relámpago a la torre. En consecuencia, cuando se reconstruyó en 1701, la altura de la torre se redujo significativamente. La iglesia de San Nicolás es una de los mayores de Europa entre las de tres aguas. Construida sobre pilotes, el peso de la iglesia era bastante importante y el techo abovedado es una copia en madera de un techo de piedra. La iglesia también contiene muchas vidrieras donadas tras el incendio de 1602 por los pueblos vecinos o por los gremios más florecientes de Edam, como el gremio de carpinteros de buques.

Construido en 1737, el Ayuntamiento tiene unas dimensionmes algo mayores que el resto de las construcciones de Edam. La entrada tiene unas pesadas puertas dobles y esta rodeada de piedra arenisca del estilo Luis XIV, dispone además de una torre de madera. El Ayuntamiento todavía se emplea para las ceremonias matrimoniales.

Museo de Edam. Se encuentra frente al Ayuntamiento cruzando la presa, se trata de la edificación de ladrillo más antigua de la ciudad. Se construyó alrededor de 1530 como una casa privada y se convirtió en museo en 1895. La casa representa una construcción holandesa típica de la época y su diseño interior es completamente original. La casa tiene una cocina con viviendas en entresuelo sobre ella. La cocina conduce a una bodega flotante, una sala de cajas de ladrillo flotando libremente en las aguas subterráneas. Según el folclore la bodega fue construida por un capitán de barco que se perdió el mar. Sin embargo, es más probable que la bodega se construyese simplemente para mantener el contenido seco, además sin necesitar cimientos bajo el agua.

Carillon. Existen documentos que sugieren que la iglesia de la virgen María existía en ese lugar desde 1350 y su torre data de los siglos XV y XVI. Aunque la iglesia fue demolida en 1882 su torre de gótico tardío o Carillon sobrevive. En 1972 existió una amenaza de que pudiese caer pero fue apuntalada con vigas de acero y posteriormente restaurada completamente. Las campanas sobresalen hacia el exterior y fueron construidas por Pieter van den Ghein en 1566 y aún suena una melodía corta cada 15 minutos. Esta melodía puede variar, por ejemplo en la fiesta del 5 de diciembre son típicas las canciones de San Nicolás.

Mercado del queso. Después de tener el derecho a celebrar un mercado de queso Edam se han estado realizando mercados comerciales hasta 1922. El queso se llevaba al mercado por los agricultores locales que iban en pequeños botes. Cuando el queso se descargaba de la barca lo llevaban al mercado los transportistas de queso. En el mercado el queso se mostraba a los comerciantes. Después de ser probado según su calidad el precio se acordaba o no se producía la venta por desacuerdo en el mismo. Después el queso se introducía en un almacén en el que se conservaba hasta que la calidad alcanzaba su mejor momento.

Desde 1989, el mercado de queso ha revivido como una puesta en escena para los turistas. Se celebra durante los meses de julio y agosto, los miércoles desde las diez y media hasta las doce y media.

Parte de esta información ha sido tomada de: http://es.wikipedia.org/wiki/Edam (Acesso 07-09-10).

Gante

Gante (en neerlandés, Gent; en francés, Gand) es la capital de Flandes Oriental, Bélgica.

Esta región estuvo habitada en tiempos de los celtas. Etimológicamente, el nombre Gante viene de la palabra celta 'ganda', que hace referencia a la convergencia, por ejemplo, de los dos ríos entre los que esta ciudad se encuentra. Está situada en la confluencia del río Lys (Leie en flamenco) con el Escalda.

En el siglo XIV fue, después de París, la ciudad medieval más grande de Europa al norte de los Alpes. En la historia era una ciudad de rebelión contra los impuestos altos y batallas por los derechos civiles. Actualmente es la ciudad flamenca con mayor número de edificios históricos, una intensa vida cultural y una situación privilegiada, entre Brujas y Bruselas y a media hora de ambas en tren. A 1 de enero de 2007, Gante contaba con 235.143 habitantes. La superficie total es de 157,69 km², con una densidad de población de 1.421,65 habitantes por km². Es el cuarto municipio belga en cuanto al número de habitantes.

El municipio de Gante abarca los pueblos de Afsnee, Desteldonk, Drongen, Gentbrugge, Ledeberg, Mariakerke, Mendonk, Oostakker, Sint-Amandsberg, Sint-Denijs-Westrem, Sint-Kruis-Winkel, Wondelgem y Zwijnaarde. El idioma oficial en Gante es el neerlandés. Pero la cultura políglota de sus habitantes ofrece la posibilidad de hablar en francés, inglés y alemán.

Gante ofrece, aparte de su interés arquitectónico, museos, muchas tiendas, restaurantes y una vida nocturna emocionante con numerosos conciertos. Cualquier noche es buena para disfrutar de un concierto de jazz gratuito en algunos de los numerosos bares que existen en la ciudad.

La ciudad puede ser descubierta en barco (a través de los canales), en bici o bien a pie ya que sus no muy extensas dimensiones lo hacen posible de forma agradable.

Es una ciudad muy importante en el sentido económico porque por el canal de Gante a Terneuzen los barcos pueden llegar desde el mar hasta el puerto. Es ciudad universitaria - cerca de 45.000 estudiantes- y centro turístico e industrial de Flandes Oriental. Anualmente se celebran en la segunda quincena de julio, durante 10 días, las Fiestas de Gante. Consideradas las mayores celebraciones callejeras de Europa.

Gante conserva un casco histórico antiguo muy bien preservado, donde podemos encontrar muchas cosas interesantes. Desde castillos medievales -Gravensteen (Castillo de los Condes) y Geerard de Duvel Steen (Castillo de Gerardo el Diablo)- hasta iglesias góticas -Catedral de San Bavón, o Sint Baaf en neerlandés- pasando el Belfort (torre campanario -de 95 m de altura-) o por numerosas plazas y parques. Asimismo podemos encontrar 18 museos en toda la ciudad, entre los que destaca el SMAK -museo de arte contemporáneo situado en uno de los parques más bonitos de la ciudad como es Citadelpark. Con su alcázar medieval y la catedral de San Bavón, donde se puede ver la obra maestra de Jan van Eyck Adoración del cordero místico.

La ciudad fue residencia de los Condes de Flandes, por lo que Carlos V emperador (Carlos I de España) nació en ella. Hoy día no queda rastro del castillo donde el emperador vio la luz, pero sí del Gravensteen o Castillo de los Condes, construido en el S. XII y reconstruido a finales del XIX y principios del XX. Se trata de una impresionante fortaleza en pleno centro de la ciudad, rodeada por un foso. A lo largo de la historia fue residencia de los Condes de Flandes, Casa de la Moneda, prisión e incluso fábrica de algodón. Desde lo alto de sus torres se divisa una gran vista panorámica de la ciudad.

Gante tiene un clima no muy agradable aunque los inviernos no son tan fríos. Llueve bastante; también en verano puede ser nuboso. Los meses calurosos son julio y agosto, temperaturas medias en invierno de 0° a 10 °C; y del verano de 20° a 25 °C.

El acceso en coche se hace realmente fácil, ya que a ella llegan las autopistas E17 y E40. También hay paradas de trenes tanto nacionales como internacionales (Estaciones ferroviarias de Sint-Pieters y Dampoort). Todo esto da como resultado una buena comunicación de la ciudad con el resto de municipios y también con el resto de países que se encuentran alrededor de ella.

Parte de esta información ha sido tomada de: http://es.wikipedia.org/wiki/Gante (Acesso 07-09-10).

Hoge Veluwe

Hoge Veluwe (Nationaal Park De Hoge Veluwe) es el nombre de uno de los más grandes parques naturales nacionales de los Países Bajos, que ofrece al público - con entrada de pago - alrededor 5.000 ha (exactamente 54,5 km²) de naturaleza restaurada en una antigua zona agrícola recomprada y replantada por dos ricos neerlandeses a principios del siglo XX.

Este parque protege paisajes excepcionales y, aunque vallado, es uno de los grandes núcleos de la red ecológica neerlandesa. Aloja numerosas especies protegidas y ha contribuido por su Centro de interpretación a sensibilizar varios millones de personas en la restauración y protección del medio ambiente y más particularmente en la restauración de la naturalidad de los paisajes, que es característico de este sitio.

El Parque une naturaleza y cultura con el reputado Museo Kröller-Müller situado en su centro.

En el corazón de los Países Bajos, en la provincia de Güeldres, en el alto Veluwe, el parque está situado cerca de Arnhem, entre Ede y Apeldoorn. Cada uno de estos municipios aloja una entrada al parque que está totalmente alambrada para que los animales grandes no se escapen.

En el corazón del parque, accesible en bus o en bici (personal o prestada por el parque) a partir de los 3 puntos de entrada (de pago), un centro de interpretación y un museo reciben al público siete días de siete (con restauración, tienda, comodidades, planos). Treinta y ocho personas (en 2007) se relevan de un total de 80 incluyendo gestores y administrativos, a los cuales hay que añadir 20 temporeros y 400 voluntarios activos.

500.000 visitantes por año son necesarios para el equilibre financiero de la estructura (sin museo de arte). Dos días son necesarios para dar la vuelta al parque en bici y sucintamente visitar el museo (cuyas exposiciones son renovadas con regularidad gracias al rico fondo legado por la pareja Kroller-Muller). Los numerosos caminos son bucles que llevan a este punto, a las entradas o al pabellón San Huberto. Los guías pueden permitir ver más fácilmente los grandes animales y las particularidades del parque. Los visitantes no están autorizados a pasar la noche en el parque.

Asimismo, el parque está prohibido a los perros, pero éstos tienen acceso a la zona central (centrum), con un punto de suministro de agua que les está destinado.

Una gran sequía seguida de una violenta tormenta han transformado en polvo y llevado los millares de hectáreas de suelos agrícolas frágiles en esta región a principios del siglo XX. Esto ha permitido a la pareja Kroller Muller, que había hecho fortuna en los negocios marítimos de comprar alrededor de 5.000 ha de terreno para reforestarlo y cercarlo con un muro, con el fin de mantener los grandes animales para la caza, animales que habían desaparecido de los Países Bajos en la época. Mme Muller tuvo por su lado un gran proyecto de museo que no pudo ser llevado a término. Después de una quiebra económica, la pareja lo propuso a una fundación, con la ayuda del Estado neerlandés de proseguir su obra, con la condición de que el parque y el museo permanecieran abiertos al público. El parque conserva el relieve dunar de arenas remodeladas por los vientos y una vasta zona arenosa está voluntariamente conservada desprovista de vegetación.

Este parque agrupa los paisajes más excepcionales aún cuando está situado en el país más densamente urbanizado de Europa. Está cortado de otra zona de naturaleza que le bordea en su flanco Oeste por una autopista. Uno de los primeros grandes ecoductos construidos en Europa atravesando sin embargo este último para restablecer un mínimo de continuidad ecológica. Hay muy pocas carreteras pero más de 50 km de ciclovías en el parque.

Es una de las zonas de los Países Bajos y de Europa Occidental donde el cielo nocturno es el mejor preservado de la contaminación lumínica. Siete observatorios integrados en el paisaje han sido construidos en el parque con voluntarios para observar los grandes animales.

El parque está sin embargo lindado por terrenos militares que sirven de zona de entrenamiento a los vehículos militares del ejército neerlandés y de la OTAN, lo que perturba la tranquilidad durante los ejercicios de tiro (molestias sonoras, contaminación del aire ligada a los cebos de municiones y explosivos)

Además de numerosos animales salvajes que han invandido naturalmente el parque (zorros, mustélidos, ardillas, reptiles, anfibios, invertebrados, etc), A. Kröller, primero por las necesidades de sus cacerías personales después por el placer de observarlos en libertad, ha introducido los ciervos, los jabalíes y los muflones que recorren la parte más grande del parque en libertad.

El Hoge Veluwe se ha vuelto una referencia por los numerosos otros grandes parques periurbanos y por los especialistas de ingeniería ambiental y de la gestión diferenciada tanto que es un auténtico laboratorio al aire libre, donde uno puede medir y observar a gran escala los fenómenos de resiliencia ecológica y los resultados de las técnicas de ingeniería ambiental cotidianamente aplicadas por los gestores del parque.

Museo: el museo Kröller-Müller es menos fastuoso que lo que preveía Helene Müller, habiendo interrumpido una quiebra financiera familiar el proyecto inicial, pero el estado neerlandés ha permitido la construcción de un edificio y de unos cimientos que han conservado hasta hoy en día colecciones notoriamente ricas en cuadros de Vincent van Gogh, Pablo Picasso y Piet Mondrian.

Jardín de esculturas: en una parte más acondicionada del parque y protegida de los grandes animales, a diferencia del museo, un jardín de esculturas ha sido habilitado donde se pueden contemplar al aire libre obras monumentales de Auguste Rodin, Henry Moore y de otros artistas célebres nacidos en los años 1900.

El pabellón San Huberto (Jagdhaus St. Hubertus) construido por el arquitecto H. P. Berlage (* 21 de febrero de 1856 en Ámsterdam; † 12 de agosto de 1934 en La Haya) es – con el museo – la segunda gran construcción del parque. Aislado en medio del bosque, fue querido por Mme Kröller-Müller, coleccionista apasionada, como reuniendo armoniosamente el gusto de la naturaleza y el del arte. Éste aloja los apartamentos de M. y Mme Kröller-Müller ricamente amueblados y decorados, frente a un gran estanque.

Parte de esta información ha sido tomada de: http://es.wikipedia.org/wiki/Hoge_Veluwe (Acesso 07-09-10).

Leiden

Leiden (pronunciación en neerlandés ►?/i ['lᵔidən], ['lᵔidə] AFI, antiguamente escrita como Leyden) es una población de la provincia de Holanda Meridional (Zuid-Holland en neerlandés), en los Países Bajos. Según la información estadística del Ayuntamiento de Leiden (enlace externo, en neerlandés), el 1 de enero de 2006 la ciudad cuenta con 118.070 habitantes (118.598 habitantes el año anterior), y es, después de Rótterdam, La Haya (Den Haag en neeerlandés) y Dordrecht, la cuarta ciudad más poblada de la provincia. Forma parte del llamado Randstad.

Su municipio se extiende (en el 2006) hasta los municipios de: Leiderdorp por el Este; Teylingen y Oegstgeest por el Norte; Katwijk, llegando hasta la costa por el Noroeste; Wassenaar y Voorschoten por el Oeste; Leidschendam-Voorburg y Zoeterwoude por el Sur.

Forma parte de la llamada "región Holanda Renania" (regio Holland Rijnland), junto con Alkemade, Hillegom, Katwijk, Leiderdorp, Lisse, Noordwijk, Noordwijkerhout, Oegstgeest, Teylingen, Voorschoten, y Zoeterwoude.

Sus coordenadas geográficas son 52°10′N 4°29′E (en forma decimal: 52,16N, 4,49E). En el sistema de coordenadas neerlandés RD (Rijksdriehoeksmeting): 94, 464.

La ciudad de Leiden es llamada la "Ciudad-llave" (Sleutelstad en neerlandés). El origen de este símbolo de la ciudad se remonta a 1293 cuando ya hay documentos con un sello donde aparece el apóstol Pedro (santo patrón de la ciudad), guardián de las puertas del cielo, llevando una llave.

La llave ha formado parte de Leiden desde el siglo XIII. Más tarde esa llave se transformó en las dos llaves cruzadas que aún se encuentran en el Escudo de Armas. Además de las llaves, en el Escudo de Armas aparece un león combatiente rojo sobre una muralla con el texto (en latín): "Haec libertatis ergo" ("Esto por la libertad"). Este Escudo de Armas se remonta a la resistencia de los Países Bajos contra España en el siglo XVI. La garra izquierda del león descansa sobre un escudo plateado con dos llaves rojas cruzadas, y la garra derecha sostiene una espada plateada con mango dorado.

Las llaves también aparecen en el diseño de la bandera de la ciudad, que fue aprobada en 1949 por el Ayuntamiento. La bandera es de proporciones 3 x 2, con tres bandas horizontales de igual anchura de colores rojo, blanco y rojo. Hacia el lado del asta, hay un círculo rojo con las dos llaves cruzadas, también en rojo.

Hubo una fortaleza romana en Leiden en el siglo IV. Pero la supuesta conexión de Leiden con la romana Lugdunum Batavorum no es cierta, ya que ese campamento romano es en realidad la actual Katwijk.

La ciudad se originó al pie de una colina artificial, levantada entre los años 800 y 1150, en la confluencia de los llamados Viejo (oude rijn) y Nuevo (nieuwe rijn) Rin (restos del viejo curso del río Rin). En la mención más antigua, hacia el año 860, el entonces pueblo era llamado Leithon. En la mencionada colina se edificó un castillo (De Burcht, ver la sección "Fortificaciones"), donde residía inicialmente un vasallo del obispo de Utrecht, pero alrededor del 1100 el castillo pasó a manos del conde de Holanda.

La ciudad fue gobernada por vizcondes, los representantes de los condes de Holanda, hasta 1420. El asentamiento recibió en el 1266 confirmación de los derechos municipales ya anteriormente concedidos, y se desarrolló con su floreciente industria de tela hasta ser una de las más grandes ciudades de la región llamada Holanda. En 1389, cuando la población había crecido a unos 4000 habitantes, la ciudad tuvo que ser extendida con la ampliación entre el canal Rapenburg (anteriormente el margen Sur de la ciudad) y el Witte Singel (parte del canal circular alrededor del actual centro de la ciudad).

En 1420, en el marco de una guerra civil (Hoekse en Kabeljauwse twisten en neerlandés), Leiden fue conquistado por el duque Jan van Beieren. El duque con su ejército marcharon desde Gouda en dirección a Leiden para conquistar la ciudad. El ejército estaba bien equipado y tenía algunos cañones. Filips van Wassenaar, vizconde de Leiden, y los otros nobles locales (del bando "Hoekse"), asumieron que el duque sitiaría Leiden primero y enviaría pequeñas unidades para conquistar las ciudadelas circundantes. Pero Jan van Beieren eligió atacar a las ciudadelas primero con su ejército. A base de disparar sobre las murallas y puertas de la ciudad, las tropas pudieron debilitar las ciudadelas una a una. En el transcurso de una semana Jan van Beieren conquistó los castillos de Poelgeest, Ter Does, Hoichmade, de Zijl, Ter Waerd, Warmond y De Paddenpoel. El 24 de junio el ejército apareció ante las murallas de Leiden. El 17 de agosto de 1420, tras un asedio de dos meses, la ciudad se entregó a Jan van Beieren. El vizconde de la ciudadela, Filips van Wassenaar, fue despojado de sus cargos y derechos y pasó sus últimos años en cautividad.

A finales del siglo XV, los establecimientos de tejido de Leiden fueron muy importantes.

La iglesia más grande de Leiden, la Pieterskerk (iglesia de San Pedro) tenía inicialmente una de las torres más grandes de los Países Bajos. Sin embargo, debido a una tormenta, la torre de más de 100 metros se vino abajo el 1 de marzo de 1512. La torre jamás se reconstruyó. Esta iglesia, la primera de Leiden, está ligada con el origen del símbolo de la ciudad: las dos llaves cruzadas. Ya en 1121 se construyó en ese lugar una capilla dedicada a los apóstoles Pedro y Pablo (ver la sección "Iglesias").

La ciudad jugó un papel importante en la Guerra de los Ochenta Años. En 1572 la ciudad eligió estar de parte de la rebelión antiespañola. El Gobernador de los Países Bajos, Luis de Requesens, sitia la ciudad en 1574. El asedio de Leiden duró desde mayo hasta el 3 de octubre de 1574, cuando la ciudad se liberó gracias a la destrucción de los diques, posibilitando así el acceso de botes con provisiones para los habitantes de la ciudad. Tras la resistencia opuesta al asedio, se le concede a la ciudad la universidad en 1575. La Universidad de Leiden es la universidad más antigua de las Provincias Unidas. Con ello el estatúder Guillermo de Orange mostró su agradecimiento y reconocimiento a los pobladores de Leiden, que habían resistido el asedio por parte de los españoles en nombre del rey Felipe II. La tradición cuenta que se les ofreció a los habitantes de Leiden la posibilidad de elegir entre la universidad y cierta exención de impuestos. La liberación de Leiden aún se celebra a lo grande, cada 3 de octubre (ver la sección "Eventos").

Desde entonces la universidad, los estudiantes y las casas de estudiantes son un factor dominante en la imagen de la ciudad.

En el siglo XVII se produce un gran florecimiento de la ciudad, gracias al impulso que refugiados de Flandes dieron a la industria textil. Antes del asedio de 1574, la ciudad había contado con unos 15.000 habitantes, de los cuales aproximadamente una tercera parte perdieron la vida durante el asedio; en 1622 Leiden creció hasta 45.000 habitantes, mientras que hacia 1670 se alcanzó incluso un número cercano a los 70.000. En el Siglo de Oro holandés, Leiden era, tras Ámsterdam, la ciudad más grande de Holanda. El crecimiento de población hizo necesaria la construcción de canales y "canales circulares" (que rodeaban las ciudades, llamados "Singel" en neerlandés). El actual centro de la ciudad de Leiden, reconocible por el diseño del "Singel", se completó en 1659.

Leiden también es conocido como uno de los lugares donde algunos de los peregrinos (Pilgrims), así como algunos de los primeros colonos de Nueva Ámsterdam, vivieron por un tiempo a principios del siglo XVII, antes de su partida hacia el Nuevo Mundo.

En el siglo XVIII decae la industria textil. Debido a medidas proteccionistas en Francia empeoró la posición de competencia. Además, los salarios tenían que ser relativamente altos, porque el coste de la vida en la región de Holanda era alto debido a la alta presión fiscal. Los empresarios textiles de Leiden trasladaron partes del proceso de producción a "tierras de bajo salario": Twente y los alrededores de Tilburg.

El resultado fue un constante descenso del número de habitantes de Leiden, que a finales del siglo XVIII había bajado a 30.000 y hacia 1815 llegaría a un mínimo de 27.000.

El 12 de enero de 1807 la ciudad fue víctima de una catástrofe cuando explotó un barco que cargaba pólvora, amarrado ilegalmente en el lado Este del canal Rapenburg. La explosión destruyó cientos de casas, incluyendo la de la familia de impresores Elsevier. Aproximadamente 150 ciudadanos perdieron la vida. El rey Luis Napoleón Bonaparte visitó personalmente la ciudad para coordinar la ayuda para las víctimas. En el lugar de la "ruina" originada por la explosión se construyeron el Van der Werfpark (Parque Van der Werff, ver "Ríos, canales y parques") y el Kamerlingh Onnes Laboratorium (Laboratorio Kamerlingh Onnes).

A principios del siglo XIX la manufactura de bayeta se abandona, aunque la industria sigue siendo la base para la economía de Leiden.

En 1842, la línea de ferrocarril hacia Haarlem, muy importante para Leiden, se puso en uso. En 1843 se realizó la conexión con La Haya.

Durante el siglo XIX se produciría alguna mejora en la desolada situación socio-económica, gracias también a la línea del ferrocaril, pero el número de habitantes alrededor del año 1900 aún no había ascendido muy por encima de los 50.000. La recesión económica se plasma vívidamente en la caída de la población: la población de Leiden que se estima que alcanzó 100.000 habitantes en 1640, se hundió a 30.000 entre 1796 y 1811, y en 1904 era de 56.044 habitantes.

No fue hasta 1896 que Leiden empezó a extenderse fuera de los canales circulares ("singels" en neerlandés) del siglo XVII. Particularmente después de 1920 se establecieron nuevas industrias en la ciudad, como la industria conservera (parte este del centro de la ciudad) y la industria del metal (Hollandse Constructie Groep, Grupo de Construcción Holandesa).

En 1866 la ciudad fue afectada por la última gran epidemia (el cólera), que en 1868 llevó al inicio de la construcción del nuevo Hospital Académico (Academisch Ziekenhuis, donde ahora se sitúa el Museo Nacional de Etnología, Rijksmuseum voor Volkenkunde).

En 1883 no sólo Leiden se asustó, sino también los Países Bajos enteros, por las noticias del arresto de Goeie Mie ("La buena Mie", también conocida como "La Mezcladora de Veneno de Leiden", en neerlandés: Leidse Gifmengster), que en el transcurso de varios años hizo al menos 27 víctimas.

Para gran pena de muchos, en el crudo invierno de 1929 el ayuntamiento se incendió. Del inmueble sólo se mantuvo derecha la fachada que da a la Breestraat. Muy poco antes del incendio, algunas pinturas valiosas fueron trasladadas a otro lugar para restauración.

Durante la Segunda Guerra Mundial, Leiden fue duramente alcanzada por los bombardeos aliados. Los alrededores de la estación y el Marewijk (actualmente los alrededores de las calles Schuttersveld y Schipholweg) fueron devastados casi por completo.

La más importante parte de la historia de los Países Bajos en la que Leiden contribuyó, fue la Constitución de los Países Bajos. Johan Rudolf Thorbecke (1798-1872) escribió la Constitución de los Países Bajos en abril de 1848 en su casa de la calle Garenmarkt, 9 en Leiden.

Leiden tiene importantes funciones como centro de comercio y de compras para las comunidades alrededor de la ciudad. Tiene la calle comercial más larga de Leiden, de los Países Bajos, y posiblemente de Europa, la Haarlemmerstraat, con casi un kilómetro de largo.

Debido a la recesión económica desde finales del siglo XVII hasta principios del XX, gran parte del centro de la ciudad de los siglos XVI y XVII sigue aún intacta.

Algunos lugares de interés importantes son:

El Ayuntamiento (Stadhuis), con la fachada renacentista más ancha de los Países Bajos. Es un edificio del siglo XVI, que fue gravemente dañado por un incendio en 1929.

La Casa de Pesos y Medidas, de Waag ("la balanza"), antiguo edificio donde se pesaban las mercancías, construido pora Pieter Post.

El canal Rapenburg con el Edificio de la Academia (Academiegebouw), el edificio más antiguo y el corazón de la Universidad de Leiden.

El Viejo Observatorio.

Nueve molinos. Entre ellos el Molen de Valk (1743), molino de grano que funciona como museo, y el Molen de Put; ambos están en el centro de Leiden, cerca de la estación central.

La Escuela Latina (Latijnse School, 1599), el viejo liceo donde Rembrandt estudió antes de inscribirse en la universidad. Las clases y exámenes eran en latín. Fue construido por Lieven de Key.

El taller municipal de carpintería (Stadstimmerwerf, 1612), con un patio y embarcadero. Construido por Lieven de Key.

35 patios interiores ajardinados.

La Gemeenlandshuis van het Hoogheemraadschap van Rijnland ("Casa Común de la Autoridad de las Aguas de Renania") (1596, restaurado en 1878), con una bonita fachada renacentista. Responsable de los trabajos hidráulicos de la región neerlandesa de Renania (entre La Haya, Utrecht, Amsterdam y la costa) desde el siglo XIII.

La Pesthuis ("la casa de la peste"), edificio del siglo XVII construido justo fuera de la ciudad para curar a los pacientes que sufrieron la plaga de peste bubónica. Sin embargo no fue nunca utilizado para ello, pues tras ser construido, la temida enfermedad ya no apareció más en los Países Bajos. Fue hospital, cuartel, manicomio, prisión y museo. Actualmente (2006) forma parte del Museo Nacional de Historia Natural Naturalis (Nationaal Natuurhistorisch Museum Naturalis).

El Burcht (el castillo). En el importante y estratégico punto de unión de los dos brazos del "Viejo Rin" (Oude Rijn), se levanta el viejo castillo De Burcht, una muralla circular construida sobre un montículo de tierra. El montículo fue probablemente un refugio contra la subida de aguas antes de que una pequeña fortaleza fuese construida en lo alto en el siglo XI.

De las viejas puertas de entrada a la ciudad de Leiden, sólo quedan dos, la Zijlpoort y la Morschpoort. Ambas datan de finales del siglo XVII. El Gravensteen. Construido como fortaleza en el siglo XIII ha servido desde entonces como casa, biblioteca y prisión. En la actualidad es uno de los edificios de la Universidad.

Aparte de una pequeña torre de vigilancia en el Singel, nada queda de las murallas de la ciudad.

Después de que Leiden se liberase de los españoles en 1574, los Calvinistas instauraron el servicio de culto en la ciudad. Las iglesias católicas se transformaron en las sobrias iglesias protestantes.

Las principales iglesias de las numerosas que hay de Leiden son:

la Pieterskerk (Iglesia de San Pedro), la más antigua de Leiden (1315). Contiene monumentos a Scaliger, Boerhaave y otros famosos eruditos. En septiembre del 2001 empezaron las obras de restauración (basadas en investigaciones que empezaron en 1993 para identificar los daños y catalogar los trabajos necesarios), ya que un insecto llamado escarabajo del reloj de la muerte ha estado atacando la estructura del tejado, y también otras partes de la iglesia necesitan restauración. En el 2006 las obras están aún en curso, y se prevé trabajar en la parte superior de la iglesia hasta principios del 2007. Véase también la referencia en la sección "Siglos XV y XVI".

la Hooglandse Kerk ("Iglesia de las Tierras Altas", anteriormente iglesia y también catedral de San Pancracio), la más grande que aún está en uso en la ciudad. Fue construida entre 1380 y 1535. Tiene la nave transversal gótica más grande del mundo, con sus 65,70 m. Contiene un monumento a Pieter Adriaanszoon van der Werff.

la Marekerk, iglesia de 1649 importante históricamente por su estilo constructivo. Arent van 's Gravesande diseñó la iglesia en 1639 (otros ejemplos de su trabajo en Leiden son De Lakenhal, que alberga el museo municipal, y la Biblioteca Universitaria de Leiden - Bibliotheca Thysiana). La creciente ciudad necesitaba otra iglesia y la Marekerk fue la primera iglesia construida en Leiden (y en los Países Bajos) tras la Reforma, adaptada al culto protestante por primera vez en la historia de las iglesias de los Países Bajos. Es un ejemplo de clasicismo neerlandés. En el diseño de Van 's Gravesande de esta construcción octogonal, el púlpito es la pieza central de la iglesia, con los bancos a su alrededor. El púlpito sigue el modelo del de la Nieuwe Kerk en Haarlem (diseñado por Jacob van Campen). El edificio se usó por primera vez en 1650, y aún está en uso (en 2006). Enlace externo a la página de la Marekerk.

la Oud-Katholieke Parochie van de H.H. Fredericus en Odulfus, parroquia de la Iglesia Católica Antigua situada en la calle Zoeterwoudsesingel, 49.

Las dos ramas del Viejo Rin (Oude Rijn), que entran en Leiden por el este, se unen en el centro de la ciudad. La ciudad está además intersecada por numerosos canales. En el lado sur de la ciudad, el Hortus Botanicus y otros jardines como el Plantsoen se extienden a lo largo del del viejo Singel, o canal circular exterior. El Van der Werffpark lleva el nombre del alcalde Pieter Adriaanszoon van der Werff, que defendió la ciudad de los españoles en 1574 (ver Siglos XIX y XX para más información sobre este parque).

Leiden alberga varios museos:

el Museo Nacional de la Antigüedad (Rijksmuseum van Oudheden)

el Museo Nacioanal de Etnología (Rijksmuseum voor Volkenkunde)

el Naturalis - Museo Nacional de Historia Natural: la tercera colección de historia natural más grande del mundo (2006), tras el Smithsonian en Washington y el Museo de Historia Natural en Londres

el Museo Boerhaave, de historia del conocimiento

el Museo Municipal "De Lakenhal" (Stedelijk Museum De Lakenhal), de artes plásticas e historia

el Jardín Botánico de Leiden (Hortus Botanicus Leiden), el más antiguo de los Países Bajos (1590)

Leiden cuenta principalmente con tres teatros (2006):

el Teatro de Leiden (Leidse Schouwburg) en el Oude Vest, el teatro más antiguo de los Países Bajos, inaugurado en 1705

el Auditorio de la Ciudad (Stadsgehoorzaal) en la Breestraael

el Teatro LAK (LAK-theater), que forma parte de la Universidad de Leiden

Hay básicamente tres cines (2006):

el Trianon en la Breestraat, que junto con el Tuschinski Theater de Ámsterdam, son los únicos cines anteriores a la guerra que aún quedan en los Países Bajos

el Lido y Studio Theather en la Steenstraat

el Kijkhuis en la Vrouwenkerksteeg

Stedelijk Museum de Lakenhal Mueso Municipal

Rijksmuseum van Oudheden Mueso nacional de antigüedades

Naturalis Museo nacional de historia natural

Rijksmuseum Volkenkunde Museo nacional de etnología

Museum Boerhaave Museo nacional de historia de la ciencia y de la medicina

Molen de Valk (site in Dutch) Museo Windmill

Hortus Botanicus Hortus Botanicus Leiden

Leiden American Pilgrim Museum Museo dedicado a los peregrinos fundadores

Penningkabinet Mueso nacional de monedas y [[medalla]s

Universiteitsbibliotheek Leiden Leiden University Library

Siebold House

Leiden es ciudad universitaria desde 1575 (ver sección Siglos XV y XVI, para referencia histórica). La Universidad de Leiden es conocida por sus múltiples avances, incluyendo su famosa Botella de Leyden, un condensador hecho a partir de una botella de vidrio, inventado en Leiden por Pieter van Musschenbroek en 1746 (en realidad fue inventado primero por Ewald Georg von Kleist en Alemania el año anterior, pero el nombre "Botella de Leyden" permaneció). Otro avance fue en criogenia: Heike Kamerlingh Onnes (ganador del Premio Nobel de Física en 1913) licuó hélio por primera vez (1908) y posteriormente consiguió alcanzar una temperatura de menos de un Kelvin (0,9 K) por encima del cero absoluto. Albert Einstein también pasó cierto tiempo en la Universidad de Leiden durante los primeros años y en la mitad de su carrera; cuando aún no era conocido, envió una solicitud para trabajar en el Laboratorio Kamerlingh Onnes, donde realizó investigaciones. También Madame Curie hizo investigaciones en dicho Laboratorio.

El centro de la ciudad contiene muchos edificios usados por la Universidad de Leiden. El Edificio de la Academia (Academiegebouw), situado en el Rapenburg, se encuentra en un previo convento del siglo XVI. Entre las instituciones relacionadas con la universidad están: la institución nacional de los idiomas, etnología y geografía de las Indias Orientales Holandesas; el jardín botánico (Hortus Botanicus Leiden); el observatorio de Leiden (1860); el museo de antigüedades (Rijksmuseum van Oudheden); y el museo etnológico (Rijksmuseum voor Volkenkunde), cuyo núcleo fue la colección japonesa de P. F. von Siebold. Una de las bibliotecas universitarias de Leiden, la Bibliotheca Thysiana, ocupa un viejo edificio renacentista de 1655. Es especialmente rica en trabajos legales y crónicas vernáculares. Son también dignos de mención las múltiples colecciones especiales en la Biblioteca Universitaria de Leiden, entre las que figuran las de la "Sociedad de Literatura Neerlandesa" (1766) y la colección de escayolas y grabados. En los últimos años la universidad ha construido el Bio Science Park en los alrededores de la ciudad para acomodar los departamentos de Ciencias.

Leidens Ontzet, celebración de la Liberación de Leiden, el 3 de octubre (normalmente dura varios días). En este día festivo para la ciudad, en puntos centrales se reparte "hutspot", arenque ("haring" en holandés) y pan blanco ("wittebrood" en holandés). La celebración dura varios días, las calles del centro de la ciudad se llenan de gente, un desfile pasa por las calles de la ciudad, hay puestos de comida y bebida, hay una gran feria principalmente en el área de la estación central, y se las fiestas se clausuran con un espectáculo de fuegos artificiales.

Werfpop, en Julio. Festival pop celebrado anualmente desde 1982, en el Leidse Hout.

Culinair Festival Leiden, en Julio. Carpas con puestos de diferentes restaurantes, donde se puede probar una muestra de su cocina, en el Garenmarkt.

Hortus Kamermuziekfestival, en verano. Festival de música de cámara, con conciertos en los jardines del Hortus Botanicus.

Ontzettend Leiden, en verano. festival anual para la promoción de la música en el área de Leiden, junto con la producción de un CD con una selección de grupos y artistas de Leiden y alrededores. enlace externo, en neerlandés

Diferentes viejos maestros tienen vínculos con Leiden. Así, Rembrandt nació en Leiden mientras que Jan Steen, Gerrit Dou, Quiringh van Brekelenkam y Frans van Mieris de Oudere también trabajaron en Leiden. Tres siglos después, en 1917, Theo van Doesburg fundó junto con entre otros Mondrian y J.J.P. Oud la revista De Stijl en Leiden, que habría tenido gran influencia en el arte y la arquitectura del siglo XX.

También en el mundo de la ciencia y el conocimiento hay importantes nombres vinculados con Leiden. En los siglos XVI y XVII la Universidad de Leiden fue una de las más grandes y más destacadas de Europa. Los cientídicos más conocidos de aquel tiempo viajaron a Leiden, como Justus Lipsius, Joseph Justus Scaliger, Carolus Clusius, Constantijn Huygens y René Descartes. El "Profesor de Europa" Herman Boerhaave enseñó e investigó en la Universidad de Leiden. Albert Einstein desarrolló algunas importantes teorías en Leiden, Heike Kamerlingh Onnes tuvo un laboratorio en Leiden donde hizo investigación que finalmente en 1913 le supuso un Premio Nobel. También el físico Hendrik Lorentz estuvo vinculado a la Universidad de Leiden.

Muchos escritores fueron o son aún activos en Leiden. Una pequeña selección: Willem Bilderdijk, Jacob van Lennep, Nicolaas Beets (pseudónimo Hildebrand), François Haverschmidt (pseudónimo Piet Paaltjens), Albert Verweij, J.C. Bloem, Boudewijn Büch, Jan Wolkers, Maarten Biesheuvel, Maarten 't Hart, Frits van Oostrom, Willem Otterspeer, Ilja Leonard Pfeiffer y Abdelkader Benali.

Parte de esta información ha sido tomada de: http://es.wikipedia.org/wiki/Leiden (Acesso 07-09-10).

Lovaina

Lovaina (en neerlandés Leuven, en alemán Löwen, en francés Louvain, en valón Lovin) es una ciudad de Bélgica. Es la capital de la provincia de Brabante Flamenco en la región flamenca. Tiene 91.732 habitantes (2008). En Lovaina está la Universidad Católica de Lovaina, la más antigua de Bélgica, fundada en 1425, que se escindió en 1968 como consecuencia del conflicto entre flamencos y valones en una sede flamenca (la Katholieke Universiteit Leuven o KUL), que permanece en Lovaina, y una sede francófona (la Université Catholique de Louvain) que se instaló en Lovaina-la-Nueva, un pueblo creado a propósito en el Brabante valón.

El principal recurso económico de la villa es la universidad, lo que hace que se le conozca desde el barroco como «ciudad de estudiantes y monjas». Entre sus monumentos cabe destacar la biblioteca de la universidad, incendiada durante la Primera Guerra Mundial y reconstruida con aportaciones de las universidades estadounidenses. También es interesante la «Grote Markt», con un espléndido Ayuntamiento típico de la arquitectura flamenca. La «Oude Markt», o plaza vieja, centro de la noche universitaria. Especial atención merece el Begijnhof, declarado patrimonio de la humanidad por la Unesco y que es en realidad un viejo monasterio habilitado como colegio mayor de estudiantes.

La iglesia de San Pedro (1425–1500) fue acabada por Jan Keldermans y Matheus de Layens. Durante la Segunda Guerra Mundial la iglesia resultó dañada; durante su restauración se encontró una cripta románica del siglo XI. En la iglesia en sí hay varias pinturas de los siglos XVII y XVIII, pero la más famosa es la gótica Última cena de Dirk Bouts. Aquí se encuentra la tumba del Duque Enrique I de Brabante. La torre de 50 metros de alta alcanzar los 169 pero nunca se completó. Alberga un carillón. La torre fue incluida en la lista de la UNESCO de «Campanarios de Bélgica y Francia» en 1999.

Su vida cultural se articula en torno a la universidad. La biblioteca central y el Stuk (centro de arte y cultura) organizan todo tipo de exposiciones, conciertos y obras de teatro. Lovaina está hermanada con Rennes.

Parte de esta información ha sido tomada de: http://es.wikipedia.org/wiki/Lovaina (Acesso 07-09-10).

Luxemburgo

Luxemburgo, oficialmente el Gran Ducado de Luxemburgo (luxemburgués: Groussherzogtum Lëtzebuerg, francés: Grand-Duché de Luxembourg, alemán: Großherzogtum Luxemburg), es un pequeño país del noroeste de Europa que forma parte de la Unión Europea. Se trata de un estado sin litoral, siendo rodeado por Francia, Alemania y Bélgica. Luxemburgo cuenta con una población de casi medio millón de habitantes sobre un área de 2.586 kilómetros cuadrados.

El gobierno de Luxemburgo es una monarquía constitucional y parlamentaria, siendo el único Gran Ducado soberano en la actualidad. El estado tiene una economía altamente desarrollada, con el mayor Producto Interno Bruto por cápita del mundo de acuerdo al Fondo Monetario Internacional y al Banco Mundial.

Luxemburgo es miembro de la Unión Europea, la Organización del Tratado del Atlántico Norte, la Organización para la Cooperación y el Desarrollo Económico, las Naciones Unidas, Benelux y la Unión Europea Occidental, reflejando la orientación política a favor de la integración económica, política y militar. Su capital, la Ciudad de Luxemburgo, es sede de numerosas instituciones y agencias de la Unión Europea.

Luxemburgo posee culturas y tradiciones diversas por encontrarse entre la Europa romana y la Europa germánica. El país tiene tres lenguas oficiales: alemán, francés y luxemburgués. Se trata de un estado laico, siendo predominante el catolicismo.

Aunque la historia luxemburguesa documentada se remonta a los tiempos de los romanos, se considera que comienza de forma propiamente dicha en el año 963 con la adquisición de Lucilinburhuc (actualmente el Castillo de Luxemburgo) por Sigfredo, Conde de las Ardenas.En el siglo XIV los emperadores germánicos lo convirtieron en ducado. En 1441 fue incorporado al Estado borgoñón. Recibido en herencia por el emperador Carlos V y transmitido a su hijo Felipe II en 1555, permaneció en manos de España hasta 1714 en que, por el tratado de Rastatt, fue cedido a Austria. En 1795 fue conquistado por Francia, pero tras la derrota napoleónica quedó bajo administración del rey de los Países Bajos, que lo erigió en Gran Ducado. En 1831 fue dividido en dos partes, bajo soberanía de Bélgica y los Países Bajos respectivamente. El tratado de Londres de 1867 lo declaró Estado neutral, gobernado desde 1890 por los descendientes de Adolfo de Nassau. Fue invadido por Alemania en la Primera Guerra Mundial y terminada ésta, un referéndum en 1919 apoyó la monarquía de los Nassau. En 1940 fue ocupado por Hitler. Tras la Segunda Guerra Mundial, Luxemburgo concertó un pacto con Bélgica y Holanda, con los que formó el Benelux (1947). En 1949 se adhirió a la OTAN y en 1950 a la CEE. Los principales partidos son el cristiano-social y el Socialista. Luxemburgo entró a formar parte de la Unión Monetaria Europea en 1999.

Después de la ocupación por parte de la Francia Revolucionaria, en 1815 el Tratado de París transformó Luxemburgo en un Gran Ducado en unión personal con los Países Bajos. El tratado también dividió Luxemburgo, que ya había sido dividido en 1659 y volvería a dividirse también en 1839. Aunque estos tratados redujeron gran parte del territorio de Luxemburgo, al mismo tiempo incrementaron su independencia, lo que se confirmó después de la Crisis de Luxemburgo en 1867.

En las siguientes décadas, Luxemburgo se inclinó hacia la esfera de influencia de Alemania, en concreto, después de la creación de una casa de gobierno separada en 1890. Luxemburgo fue ocupada por Alemania desde 1914 hasta 1918. Desde la Segunda Guerra Mundial, Luxemburgo se ha convertido en uno de los países más ricos, impulsado por un gran crecimiento en el sector de los servicios financieros, la estabilidad política, y la integración Europea.

El Gran Ducado de Luxemburgo es una monarquía constitucional. Bajo la constitución de 1868, los poderes ejecutivos recaen sobre el Gran Duque y su gabinete, que consta de varios ministros dirigidos por un Primer Ministro. El Gran Duque tiene el poder de disolver el parlamento y convocar elecciones para elegir uno nuevo.

El poder legislativo reside en la Cámara de los Diputados, elegidos por sufragio directo cada cinco años. Una segunda cámara, el Consejo de Estado (Conseil d'État), compuesto de 21 ciudadanos corrientes designados por el Gran Duque, asesoran a la Cámara de los Diputados en la elaboración de la legislación.

En su condición de miembro fundador y gracias a su ubicación geográfica central dentro de la UE, Luxemburgo acoge la sede de dos instituciones de la Unión: el Tribunal de Justicia de la Unión Europea y el Tribunal de Cuentas Europeo. Asimismo es sede de órganos como el Banco Europeo de Inversiones, además de la Secretaría General del Parlamento Europeo.

Geografía. Luxemburgo es el séptimo país más pequeño de Europa, encontrándose en el puesto 167 a nivel mundial. El Gran Ducado tiene un territorio de carácter montañoso y con extensas masas boscosas. El relieve presenta dos regiones diferenciadas: en el norte, llamado Oesling, se extienden las estribaciones meridionales del macizo montañoso de las Ardenas, con una altura máxima de 500 metros, y por la que discurren los afluentes del Mosela. Al sur, el Gutland, constituye una extensa llanura prolongación de la cuenca parisina. De este a oeste el país se haya atravesado por el Sauer (Sûre en francés), afluyente del Mosela, que por su orilla derecha recibe al Alzette y por la izquierda al Our (río) y al Clerf, entre otros.

El paisaje luxemburgués se completa con el curso del Mosela, que discurre por el sector oriental, trazando la frontera con Alemania.

El clima es continental, húmedo, más riguroso en las regiones altas del norte, y más moderado en el sur. Las precipitaciones anuales son copiosas, los veranos frescos, mientras que los inviernos son suaves.

Según WWF, el territorio de Luxemburgo corresponde a la ecorregión denominada bosque de frondosas de Europa occidental.

La capital, Luxemburgo es la población más grande del país. Otras ciudades importantes son Esch-sur-Alzette, hacia el sudoeste de la capital y Echternach, al este, contra la frontera con Alemania.

Luxemburgo posee una economía estable, con altos ingresos y un crecimiento moderado, baja inflación y baja tasa de desempleo. El sector industrial, hasta hace poco tiempo dominado por el acero, se ha ido ampliando y diversificando hasta incluir la industria química, la de goma y otros productos. Durante las décadas pasadas, el crecimiento del sector financiero había más que compensado la declinación de la industria del acero. La agricultura está basada en pequeñas granjas familiares.

Luxemburgo es uno de los centros comerciales y financieros más importantes que compite con Bélgica y Países Bajos. Como miembro de la Unión Europea, disfruta de las ventajas del mercado abierto europeo. Luxemburgo posee el más alto PIB per cápita del mundo.

Luxemburgo alberga las sedes centrales de varias corporaciones multinacionales, entre ellas Ternium, Tenaris, y a una de las seis sedes centrales del líder mundial acerero Arcelor Mittal.

Luxemburgo contaba en 2007 con aproximadamente 480.000 habitantes. En los últimos 30 años la población ha aumentado en más de 100.000 personas. Si se compara con sus países vecinos, se trata de un fenómeno excepcional. El motivo destacado de este crecimiento es la inmigración. Los nacionales han visto estancarse su población en torno a 280.000, y sin el recurso a las naturalizaciones habrían disminuido. La tasa media anual de inmigración fue del 1% para el decenio 1990-2000, cuando la media de la Europa de los Quince estaba en torno al 0,23%.

De los 455.000 habitantes en 2005, 277.600 eran luxemburgueses, 65.700 portugueses, 22.400 franceses, 18.800 italianos, 16.100 belgas, 10.400 alemanes, 4.500 británicos, 3.500 neerlandeses, 9.600 ciudadanos de otros países de la Unión Europea y 26.300 ciudadanos de otros estados.

El fenómeno de la inmigración se remonta al siglo XIX. Ya en 1880 un 6% de la población era de otras nacionalidades, subiendo al 12,2% en 1900, 12,8% en 1922 -a pesar de los efectos negativos de la Primera Guerra Mundial- y 18,6% en 1930. Sólo la crisis de 1929 y la Segunda Guerra Mundial contrarrestaron el fenómeno, de forma que el porcentaje de extranjeros en 1947 era del 10%. Pero tras la postguerra el ritmo anterior ha continuado, alcanzándose el 18,4% en 1970, el 26,3% en 1981, el 29,7% en 1991, y siendo en 2005 del 39%.

Además de los inmigrantes residentes en Luxemburgo, un tercio de la mano de obra la proporcionan inmigrantes de día que residen en los países vecinos.

La situación lingüística de Luxemburgo se caracteriza por el uso y el reconocimiento de tres idiomas oficiales: francés, alemán y luxemburgués. El plurilingüismo de Luxemburgo resulta de la coexistencia de dos grupos étnicos, uno románico y otro germánico.

En los primeros tiempos del país, el francés tenía un gran prestigio, y aún posee un uso preferente como idioma administrativo y oficial. El alemán se utilizaba en el campo político, para formular las leyes y ordenanzas con el fin de hacerlas comprensibles a todos. En la escuela primaria, la educación estaba limitada al alemán, mientras que el francés se enseñaba en la educación secundaria.

La ley del 26 de julio de 1843 reforzó el bilingüismo introduciendo la enseñanza del francés en las escuelas primarias.

El luxemburgués, un dialecto del alemán muy influido por el francés, nativo de la región de Mosela, fue introducido en la escuela primaria en 1912.

Hasta 1984, el uso oficial de las lenguas estaba basado en los decretos de 1830, 1832 y 1834, los cuales permitían elegir libremente entre el francés y el alemán. El francés fue el preferido para la administración. El luxemburgués aún no tenía estatus oficial.

La revisión constitucional de 1984 dio a los legisladores la posibilidad de regular los idiomas mediante ley. El 24 de febrero de 1984 una ley hizo del luxemburgués el idioma oficial: "El luxemburgués es la lengua nacional de los luxemburgueses" dice su artículo 1. Además, esta ley reconoció los tres idiomas utilizados (el francés, el alemán y el luxemburgués) como lenguas oficiales. El francés aún permanece como el idioma de la legislación (según recoge el artículo 2 de la citada norma), debido a la aplicación del código civil napoleónico. El artículo tercero establece como lenguas administrativas y judiciales al francés, alemán y luxemburgués.

El luxemburgués se enseña en las escuelas, después del francés y el alemán. Su enseñanza se limita a sólo una hora semanal y durante los primeros años de la escuela primaria. En las escuelas secundarias también se enseña inglés y muchas veces también latín, español o italiano. En la Universidad, la variedad de lenguas permite que los estudiantes locales puedan continuar su educación superior en países en los que se hable alemán, francés o inglés.

El deportista más famoso de Luxemburgo es el esquiador Marc Girardelli (austriaco de nacimiento, pero nacionalizado luxemburgés), ganador de la general de la Copa del Mundo de Esquí Alpino los años 1985, 1986, 1989, 1991 y 1993. También fue medallista de plata en las pruebas de slalom gigante y en el super-G en los JJ.OO de Albertville 1992.

Tres ciclistas de Luxemburgo han resultado campeones del Tour de Francia: François Faber en 1909, Nicolas Frantz en 1927 y 1928, y Charly Gaul en 1958. Muy conocido también es el ciclista Andy Schleck, hermano del también corredor Fränk Schleck, debido a su segundo puesto en la clasificación general del Tour de Francia 2009.

Luxemburgo es el único país de la Unión Europea que no posee medios de comunicación públicos en Televisión, en radio esta Radio Luxemburgo muy importante y escuchada en Francia y Alemania, esta radio emite en 4 idiomas en simultáneo y tiene una ética periodística muy rigurosa. El principal grupo de comunicación es RTL Group, grupo privado que se ha extendido por toda Europa. Otra peculiaridad de Luxemburgo es que las cadenas de televisión emiten simultáneamente en PAL y SECAM; PAL para la parte de habla francesa de Bélgica y el propio Luxemburgo y SECAM para Francia. El Gran Ducado también es la sede de SES Astra, empresa que posee y opera la serie de satélites geoestacionarios Astra.

Luxemburgo, que pertenece a la Organización del Tratado del Atlántico Norte (OTAN), mantiene un pequeño ejército voluntario que cuenta con 900 miembros. En 1997 los gastos de defensa suponían el 2% del gasto público.

Parte de esta información ha sido tomada de: http://es.wikipedia.org/wiki/Luxemburgo (Acesso 07-09-10).

Marken

Marken es una isla unida por una carretera en IJsselmeer, Países Bajos, ubicada en la municipalidad de Waterland en la provincia de Holanda del Norte. El lugar solía ser una isla, pero fue unida al continente mediante un dique fijo. Desde la Edad Media, Marken ha perdido cerca de un tercio de su superficie total. En el área oriental de la isla, bajo el agua, todavía se encuentran restos de un claustro medieval que fue arrasado por el oleaje.

Pueblo de Marken en la Provincia de Waterland. Las casas de Marken están construidas sobre terpes artificiales levantados en gran parte durante el siglo XV. Este tipo de construcción permitía a los habitantes estar a salvo de las frecuentes inundaciones. Cuando la mayor parte del terreno escarpado de la isla fue ocupado por viviendas, se inició la construcción sobre palafitos de madera, medida que permitía al agua pasar bajo las viviendas sin causar problemas. Cuando se construyó el dique fijo y se drenó el agua, los palafitos de madera dejaron de tener utilidad, por lo que se fueron clausurando paulatinamente.

Las colinas de Marken siguen siendo una aglomeración de típicas casas de madera. La isla, convertida en península en 1957 está considerada como parte del patrimonio nacional y cuenta con protección oficial. Marken es un reconocido centro turístico, famoso por sus ya mencionadas casas de madera y por el uso del traje típico holandés.

Parte de esta información ha sido tomada de: http://es.wikipedia.org/wiki/Amberes (Acesso 07-09-10).

Metz

Metz es una ciudad en el Noreste de Francia, capital de la región de Lorena y del departamento de Mosela. Es una de las ciudades con mayor patrimonio arquitectónico medieval de Francia.

Metz se encuentra en la confluencia de los ríos Mosela y Seille. La ciudad posee 3 islas habitadas: La pequeña Saulcy, la gran Saulcy y Chambière. Las islas se unen entre sí y con la ciudad propiamente dicha por puentes: El Puente medieval, el puente de los Muertos, el puente de las Rocas, el puente Saint-Marcel, el puente de la Prefectura, el puente Negro, el puente Saint-Georges y el puente de las Tuestas.

Las ciudades cercanas más importantes y a poca distancia son Nancy, 49 kilómetros al sur, la ciudad de Luxemburgo, 55 kilómetros al norte y Sarrebruck, en Alemania, 60 kilómetros al este. A la vez está situada a la mitad de camino entre Estrasburgo y Reims y de la misma forma entre París y Fráncfort del Meno.

Los barrios actuales de la ciudad son: La ciudad medieval de Metz, Bellecroix, Borny, Devant-les-Ponts, La Grange-aux-bois, Grigy Technopôle, La Corchade, Les Îles, Magny, Metz-centre, la ciudad nueva de Metz, Patrotte Metz-nord, Plantières Queuleu, Le Sablon y Vallières-lès-Metz.

En 1882, un bifaz con una antigüedad de 200 000 fue descubierto en un arenal de Montigny-lès-Metz. Los hombres que vivían en este período eran cazadores y recolectores, y eran nómadas cuyos desplazamientos se vinculaban notablemente con su aprovisionamiento de alimento.

Las Hauts-de-Sainte-Croix entregaron algunos cascos del IV milenario a. C., pero la primera actividad importante atestiguada en el sitio comienza sólo en el Ier el siglo a. C. con la presencia de cabañas y de los emplazamientos de casas de madera.

Los arqueólogos han exhumado también un muro galo. Este era parte de los vestigios del pueblo galo, cuyo territorio se extendía desde el Argonne hasta el Rin y al que Tácito ya mencionaba en el siglo IV antes de Cristo.

En la época de la conquista romana, Metz era una de las ciudades galas más importantes y después de su conquista fue anexionada a la Galia belga, cuya capital era Reims. El territorio que ocupaban sus habitantes era desde el Argonne hasta los Vosgos. Las excavaciones arqueológicas de los últimos cincuenta años revelaron un poblado de edificios de madera y adobe, establecido según la cuadrícula limpia de las ciudades romanas con cardo y decumanus; la superficie se multiplicó desde la formación de Francia. Metz se hizo una parada importante en la ruta en la que convergían las vías que llegaban de Lyon, Reims, Tréveris, Maguncia y Estrasburgo.

En Metz, como en el resto de la Galia, la civilización galorromana llegó entonces a su esplendor. La población de Metz, contaba entre 15.000 y 20.000 habitantes, que habitaban en construcciones de piedra.

A partir del 245, los períodos de paz fueron interrumpidos por episodios violentos y destructivos. En este clima de poca seguridad, la ciudad se rodea ahora de un recinto donde son reempleados bloques de arquitectura y estelas. A finales del siglo III o principios del siglo IV, fecha de la construcción del edificio de plano basilical conocido bajo el nombre de basílica de Saint-Pierre-aux-Nonnains.

En el 297, la ciudad es integrada en la primera Bélgica y pierde su territorio al oeste con la emergencia de la ciudad de Verdún. En cambio, Metz goza de la proximidad de Tréveris promovida a nivel de capital del Imperio.

Metz se convirtió en la capital del reino de Austrasia durante dos siglos antes de la formación de Francia, desde el 511 hasta el 751. A la muerte de Clodoveo en 511, Thierry Ier reconquistó la región noreste y la llamó Austrasia. Primitivamente estableció su capital era Reims ,pero velozmente eligió a Metz en virtud de su situación central, construyó un palacio sobre la colina de la Santa Cruz, que acoge hoy en día a los museos de la Corte de Oro.

Metz se hizo con el tiempo una ciudad libre del Sacro Imperio Romano Germánico. En el siglo IX, los edificios católicos se multiplicaron y la Iglesia se hizo con un papel importante en el corazón de la ciudad. La burguesía se desarrolló e hizo de Metz en el siglo XIII una república oligárquica dirigida por El Colegio de los Eclesiásticos.

En 1552, el rey de Francia Enrique II se convirtió en soberano de las tres ciudades eclesiásticas del Imperio: Metz, Toul y Verdún. Luego de la entrada en la ciudad, entonces independiente del Sacro Imperio Romano Germánico. Carlos V quiso poner a estas tres ciudades totalmente bajo el poder del rey de Francia. Organizó el protectorado de Metz, que fue defendido victoriosamente por el duque François de Guise, entonces gobernador francés de la ciudad. El protectorado fue dejado en enero de 1553. No fue hasta 1648, con la firma del tratado de Westfalia, que Metz se volvió legalmente parte de Francia y capital de la provincia des Trois-Évêchés, Metz, Toul y Verdún. Desde 1633 la ciudad se convirtió en la sede de su parlamento.

Metz se transformó entonces en la ciudad de guarnición, fuerte importante del reino de Francia, continuando desarrollándose.

La proximidad con Suiza y con el Sacro Imperio romano-germánico favoreció la adopción de la Reforma en Metz, que se convirtió en un centro protestante importante pero que volvió su fidelidad a la Santa Sede de forma precoz en respuesta a la emigración de los ciudadanos protestantes de Metz a Berlín en respuesta a la revocación del edicto de Nantes.

Los judíos fueron autorizados a instalarse en Metz en 1565 y su comunidad alcanzaba a 2200 personas al principio del siglo XVIII.

Metz fue asediada durante la guerra franco-prusiana de 1870. Abandonada por la mayoría de los diputados franceses y dejada en manos de los diputados alsacianos, que votaron casi totalmente por la anexión, la ciudad se convirtió en parte del Imperio Alemán, hecho que fue legalizado con la firma del Tratado de Fráncfort y en la capital del distrito de Lorena, en el Territorio imperial de Alsacia y Lorena desde 1871 hasta 1919.

Después de la anexión, a pesar de la protesta de sus élites y de otros "ciudadanos" por la vuelta a Francia, la ciudad continuo aumentando de tamaño y convirtiéndose, conducida por la figura de su gobernador francés, Monseñor Pablo Dupont des Loges, que es elegido diputado "protestante" en el Reichstag. Metz se transforma y su urbanismo se hace un escaparate del imperio alemán. Aparecen numerosos edificios de estilo neoclásico o neogótico entre los que están el pórtico de la catedral, el templo protestante y el palacio del gobernador. Como todas las ciudades de Reich, recibe una torre Bismarck, una columna de piedra marcada con la efigie del canciller, que domina la ciudad desde el monte San Quintín a Scy-Chazelles y es tapada en lo sucesivo por la vegetación.

Convertida en un punto estratégico de la defensa del Imperio, se continuaron por orden de Bismarck los trabajos de fortificación comenzados durante el Segundo Imperio

Francés. Desde 1871, el gobierno alemán había estado revisando minuciosamente el sistema defensivo de la ciudad, construyendo particularmente fuertes, como el Fuerte "von Biehler" alrededor del poblado. En 1914, Metz es la fortaleza más grande del mundo. Fue ampliamente dejada de lado sin embargo en los mapas de los oficiales de la Primera Guerra mundial.

Vuelta a manos francesas en 1918, Metz conservó su rol de guarnición de primera importancia. Más de 300 cafés convirtieron a la villa en una "Pequeña París del Este". Para entonces, aunque de habla francesa desde siempre, la ciudad se volvió bilingüe por las pocas generaciones de niños que habían sido enseñados a, no sólo aprender, sino también a hablar, alemán en las escuelas. En los años 80 todavía los ancianos hablaban alemán entre sí y en las escuelas se oía a los niños, jugando a la pillapilla, decir «frei!», en lugar de «pouce!» sin saber el verdadero origen de dicho término.

De nuevo ocupada y anexada por los alemanes durante la Segunda Guerra Mundial, Metz se convirtió en la Westmark de la Alemania Nazi, la «marca del oeste», del Tercer Reich. Su población fue intentada germanizar, constituyéndose por ejemplo los "jóvenes alsacianos", una imitación de las juventudes hitlerianas cuyo nombre constituía un craso error geográfico por parte de los alemanes.

Metz fue liberada en noviembre de 1944 por la 95° división de infantería de Estados Unidos.

Las actividades económicas más importantes de Metz son la metalurgia, el comercio, la industria automovilística, petroquímica y logística.

Metz es la sede de la Cámara de Comercio e Industria de Mosela. Ésta organiza el Centro de formación de aprendices, el puerto nuevo de Metz, el puerto de Metz Mazerolle, y el puerto fluvial de Thionville.

Metz es a la vez un importante centro fruti-hortícola, siendo su especialidad la ciruela de mirabel.

Metz, con Nancy, Épinal y Thionville, forma un centro urbano de más de un millón de habitantes.

Forma parte del QuattroPole con Luxemburgo, Tréveris y Sarrebruck, unión que tiene por objerivo el progreso y el trabajo entre dichas ciudades.

Finalmente, Metz y Thionville han adherido en el 2007 a una organización al estilo del Benelux, el LELA, renombrado LELA+ por la ocasión. Con la entrada Metz y Thionville, el LELA+, formado hasta entonces por Luxemburgo, Esch-sur-Alzette, Longwy y Arlon ha buscado favorecer el comercio en el oeste de los Alpes.

Dominique Gros es el alcalde de la ciudad, fue elegido el 16 de marzo del 2008, es el primer alcalde socialista elegido desde la institución del sufragio universal en 1848.

En 1961, Metz se fusionó con 3 comunas de su periferia: Borny, Magny y Vallières.

Metz est le sede del consejo regional de Lorena y, por lo tanto la capital de ésta.

La ciudad de Metz es accesible por las autopistas A4, que la une con París, Reims y Estrasburgo y por la autopista A31, que la une con Luxemburgo al norte y Nancy al sur.

Desde el 10 de junio del 2007, la terminal de trenes de Metz está directamente vinculada con París en 82 minutos por el TGV este, reforzando los lazos entre la region lorena y la parisina.

Metz posee una red de autobuses getionada por la red de transportes públicos de la ciudad. A diferencia de otras ciudades importantes, Metz no posee tranvías ni lineas de ómnibus en territorio propio. Éste hecho dio pie a numerosas protestas. El nuevo alcalde, Dominique Gros, ha previsto la creación de una linea de autobuses de tránsito rápido de 16 kilómetros y medio entre Woippy y el futuro hospital de Mercy.

Parte de esta información ha sido tomada de: http://es.wikipedia.org/wiki/Metz (Acesso 07-09-10).

Namur

Namur (Nameur en valón, Namen en neerlandés) es la capital de la región belga de Valonia y, a la vez, de la provincia de Namur. La ciudad, que al 1 de enero de 2006 tenía 107.178 habitantes, se encuentra donde confluyen los ríos Sambre y Mosa. Namur ocupa un área de 175,69 km², lo que da una densidad de población de 610 habitantes por km² aproximadamente. La localidad comprende tres zonas: Hesbaye al norte, Condroz al sureste y Entre Sambre et Mosa al suroeste. La lengua oficial es el francés. El dialecto local es el valón de Namur. Namur es también una ciudad universitaria, sede de las Facultades Universitarias Notre Dame de la Paix, lo cual otorga características particulares al estilo de vida y ambiente del lugar.

El pueblo comenzó como un importante asentamiento comercial celta en las rutas comerciales a través de las Ardenas. Roma, también estableció una presencia después de que Julio César derrotara a los Aduatuci.

Namur llegó a la prominencia durante la temprana Edad Media cuando los merovingios construyeron un castillo o ciudadela en el espolón rocoso con vistas a la ciudad, en la confluencia de ambos ríos. En el siglo X se convirtió en un país con su propio derecho. La ciudad se desarrolló un tanto desigualmente, ya que los condes de Namur se asentaron en la orilla norte del Mosa - siendo la orilla sur propiedad del obispo de Lieja y desarrollada más lentamente, en la ciudad de Jambes (ahora efectivamente un suburbio de Namur). En 1262, Namur cayó en manos del Conde de Flandes, y pasó a ser posesión del duque Felipe el Bueno de Borgoña en 1421.

Después, Namur pasó a formar parte de los Países Bajos españoles y en la década de 1640 su ciudadela se reforzó considerablemente. El rey Luis XIV de Francia la invadió en 1692 y la anexionó a Francia. Su famoso ingeniero militar Vauban, reconstruyó la ciudadela.

El control francés fue de corta duración, ya que Guillermo III de Orange-Nassau capturó Namur sólo tres años más tarde, en 1695, durante la Guerra de la Gran Alianza. En virtud del Tratado Barrera de 1709, los Países Bajos ganaron el derecho a la guarnición de Namur, aunque el posterior Tratado de Utrecht de 1713, dio el control de los antiguos Países Bajos españoles a la Austria de la Casa de Habsburgo. De este modo, aunque los austriacos dominaron la ciudad, la ciudadela fue controlada por los holandeses y fue reconstruida de nuevo bajo su mandato.

Durante las guerras que siguieron a la Revolución francesa, Francia la invadió en 1794. Un régimen represivo revolucionario se impuso. Después de la derrota de Napoleón en 1815, el Congreso de Viena incorporó lo que hoy es Bélgica en el Reino Unido de los Países Bajos. Bélgica se separó de los Países Bajos en 1830 tras la Revolución belga y Namur siguió siendo una importante guarnición de la ciudad en el marco del nuevo régimen. La ciudadela fue reconstruida una vez más en 1887.

Namur fue un importante objetivo de Alemania durante la invasión de Bélgica en 1914, que trató de utilizar el valle del Mosa como una ruta hacia Francia. A pesar de ser considerado como prácticamente inexpugnable, la ciudad cayó después de sólo tres días de combates y la ciudad fue ocupada por los alemanes para el resto de la guerra. Namur no tuvo mejor suerte en la Segunda Guerra Mundial, ya que se encontraba en las líneas del frente de la Batalla de las Ardenas en 1940 y la Batalla de las Ardenas en 1944. La ciudad sufrió graves daños en ambas guerras.

Namur siguió acogiendo al Ejército belga y sus paracaidistas, hasta su partida en 1977.

La temporada turística de Namur se abre el tercer sábado de abril, con el "día del folclor" (Journée du folklore), en el cual se dan cita en la Plaza de Armas varios grupos locales, que disfrazados y al son de la música, desfilan por la ciudad para luego regresar al lugar de partida, donde se brinda un gran ágape.

En mayo tiene lugar "Namur en mayo", un gran festival de teatro callejero que atrae a propios y extraños durante tres días.

En septiembre, al finalizar el verano, Namur vibra también al ritmo de las "Fiestas de valonia" (Fêtes de la Wallonie). La ciudad se llena de casetas, juegos, puestos de cerveza y del tradicional "péquet", especie de aguardiente de frutas. En estas fiestas se efectúan numerosas manifestaciones culturales, exposiciones, conciertos, recitales y hasta deportivos, con el fin de revivir y guardar viejas tradiciones de la región.

Parte de esta información ha sido tomada de: http://es.wikipedia.org/wiki/Namur (Acesso 07-09-10).

Proyecto Delta

El Proyecto DELTA fue uno de los varios proyectos de reconocimiento con el nombre de letras del alfabeto griego que las fuerzas especiales de Estados Unidos llevaron a cabo en el sur de Vietnam durante la guerra.1

El Proyecto DELTA se estableció en Nha Trang en 1964 y estaba compuesto de seis equipos de reconocimiento, cada uno, a su vez, compuesto de cuatro miembros de las Fuerzas Especiales del Ejército de Estados Unidos (USSF) y de seis a ocho miembros de las fuerzas vietnamitas.

La misión del proyecto incluía reconocimiento operacional y estratégico a lo largo del Vietcong y bombardeos bases enemigas, captura e interrogación, rescate de prisioneros de guerra, emplazar zonas minadas y de cepos, pinchar recintos y oficinas, etc. Estaban enfocados en rutas de infiltración en las zonas limítrofes y fronteras y en las bases enemigas.

DELTA se creó el 15 de mayo de 1964 como Proyecto LEAPING LENA por orden de las USSF para entrenar a equipos conjuntos para misiones en Laos. Cinco equipos de ocho hombres fueron lanzados en paracaídas a Laos y solo cinco hombres lograron sobrevivir. Estados Unidos no participó. El 12 de julio de 1964 Estados Unidos se incorporó al proyecto. Hacia octubre de 1964 el proyecto fue designado Proyecto DELTA con las USSF al mando y en las operaciones junto con las fuerzas vietnamitas. La base principal se estableció en Nha Trang.

DELTA cesó sus operaciones el 30 de junio de 1970.

En 1966 el Proyecto DELTA consistió en: 31 Fuerzas Especiales del Ejército de Estados Unidos y unas 50 Fuerzas Especiales de Vietnam del Sur. 12 pelotones de reconocimiento con 3 estadounidenses y tres vietnamitas. Más tarde se añadieron otros cuatro equipos. Una compañía de seguridad consistente de 124 Nung. Pelotón de Explosivos consistente de cuatro estadounidenses y 24 vietnamitas (CIDG). 200 trabajadores civiles en la base.

Parte   de   esta   información   ha   sido   tomada   de: http://es.wikipedia.org/wiki/Proyecto_Delta (Acesso 07-09-10).

Texel

Texel (Tessel en frisón, pronunciado 'Tessel' en neerlandés) es la más grande de las islas Frisias y a su vez la más occidental. Está situada entre el mar de Frisia (al este) y el mar del Norte (al oeste), al sur de la isla de Vlieland y al norte de la provincia de Holanda Septentrional, a la cual pertenece administrativamente. El estrecho de Marsdiep la separa de Den Helder, ya en tierra firme.

Toda la isla forma un único municipio, con una superficie de 585,96 km2 de los que 416,14 son agua. La isla tiene unos 20 km de largo y 8 km de ancho. En 2004 tenía una población de 13.735 habitantes.

La actual isla de Texel consta de hecho de dos islas (antiguamente separadas): Texel al sur y Eierland al norte. En 1630 se termina de construir el dique de arena (Zanddijk) que une las dos islas. En 1835 Nicolas Joseph De Cock forma con otros una sociedad anónima con el objetivo de convertir las planas mareales entre las dos en pólders. En el nuevo polder se fundó un pueblo, inicialmente con el nombre de Nieuwdorp (Pueblo nuevo o Villa nueva), pero que posteriormente fue rebautizada en honor de su impulsor: De Cocksdorp.

Parte de esta información ha sido tomada de: http://es.wikipedia.org/wiki/Texel (Acesso 07-09-10).

Volendam

Volendam es una pequeña ciudad portuaria de los Países Bajos perteneciente a la comuna de Edam-Volendam, al norte de Ámsterdam, en la provincia de Holanda Septentrional.

Su población se sitúa en torno a los 22.000 habitantes. Volendam es una ciudad bastante turística, sus zonas más visitadas son el puerto y el casco antiguo. También es conocida por su equipo de fútbol que se llama FC Volendam.

Originalmente, Volendam fue un pequeño puerto de Edam, situado en la desembocadura del río IJssel. En 1357, los habitantes de Edam construyeron un canal más corto hacia Zuider Zee y un nuevo puerto, por lo que el antiguo fue represado y utilizado para la recuperación de tierras. Los agricultores y los pescadores locales se asentaron allí, formando la nueva comunidad de Volendam, que literalmente significa algo así como "presa rellenada". La mayoría de la población son católicos y esta religión está profundamente ligada a la cultura del pueblo. Históricamente, muchos misioneros y obispos nacieron y se desarrollaron en Volendam. Se puede destacar la capilla de Nuestra Señora de las Aguas que se encuentra en un parque del pueblo y se debe a una aparición de la Virgen a Hille Kok.

Volendam es un destino turístico popular en los Países Bajos, conocida por sus viejos barcos de pesca y porque todavía algunos residentes usan la ropa tradicional. El traje de las mujeres de Volendam dispone de sombrero alto y es de los más conocidos entre los trajes tradicionales holandeses y con frecuencia aparece en tarjetas postales y carteles turísticos. Existe un ferry regular a Marken. También existe un pequeño museo sobre su historia y vestuario donde los visitantes pueden conseguir fotos vestidos con trajes tradicionales holandeses.

Parte de esta información ha sido tomada de: http://es.wikipedia.org/wiki/Volendam (Acesso 07-09-10).

INFORMACIÓN HISTÓRICA

En este capítulo hemos incluido, también de Wikipedia, la historia de Luxemburgo, Holanda y Bélgica.

Historia de Luxemburgo

La historia de Luxemburgo está inherentemente entrelazada con la historia de los países circundantes, sus gentes, y dinastías gobernantes. A lo largo de los años, el territorio de Luxemburgo ha sido erosionado, mientras su propiedad ha cambiado repetidamente, y su independencia política ha crecido gradualmente.

Aunque la historia Luxemburguesa documentada se remonta a los tiempos de los romanos, la historia de Luxemburgo se considera que comienza propiamente en el año 963. Los cinco siglos siguientes contemplaron la aparición de la poderosa Casa de Luxemburgo, la extinción de la cual pudo poner fin a la independencia Luxemburguesa. Después de un pequeño período de gobierno por parte del Ducado de Borgoña, Luxemburgo pasó a manos de los Habsburgo en 1477. Desde 1556, formó parte de los Países Bajos españoles, siendo su soberano el Rey de España.

Después de la Guerra de los Ochenta Años, Luxemburgo formó parte de los Países Bajos del Sur. En 1713, tras el tratado de Utrecht, fue cedido por España a la línea austriaca de la dinastía Habsburgo. Después de la ocupación por parte de la Francia Revolucionaria, en 1815 el Tratado de París transformó Luxemburgo en un Gran Ducado en unión personal con los Países Bajos. El tratado también dividió Luxemburgo, que ya había sido dividido en 1659 y volvería a dividirse también en 1839. Aunque estos tratados redujeron gran parte del territorio de Luxemburgo, al mismo tiempo incrementaron su independencia, lo que se confirmó después de la Crisis de Luxemburgo en 1867.

En las siguientes décadas, Luxemburgo cayó más dentro de la esfera de influencia de Alemania, en concreto, después de la creación de una casa de gobierno separada en 1890. Luxemburgo fue ocupada por Alemania desde 1914 hasta 1918. Desde la Segunda Guerra Mundial, Luxemburgo se ha convertido en uno de los países más ricos, impulsado por un gran crecimiento en el sector de los servicios financieros, la estabilidad política, y la integración Europea.

En el territorio ahora cubierto por el Gran Ducado de Luxemburgo, hay evidencia de habitantes primitivos desde el Paleolítico o Antigua Edad de Piedra. Los objetos más viejos de este período son huesos adornados encontrados en Oetrange.

Sin embargo, la primera evidencia real de civilización es a partir del Neolítico o el siglo V a. C. cuando las casas comenzaron a aparecer. Se han encontrado restros en el sur de Luxemburgo en Grevenmacher, Diekirch, Aspelt y Weiler-la-Tour. Las viviendas fueron hechas con una combinación de troncos para la estructura básica, paredes de cestería revestidas de fango, y los tejados de cañas o de paja. Se ha encontrado cerámica de éste período cerca de Remerschen.

Mientras que no hay mucha evidencia de comunidades en Luxemburgo a comienzos de la Edad del bronce, un número de sitios fechados entre el siglo XIII y el VIII a.C. proporcionan evidencias de viviendas y revelan objetos tales como cerámica, cuchillos y joyería. Éstos incluyen Nospelt, Dalheim, Mompach y Remerschen.

El Luxemburgo céltico existió durante el período aproximado del año 600 a.C. hasta el 100 d.C., cuando los celtas habitaban lo que ahora es el territorio del Gran Ducado de Luxemburgo. Los celtas habitaron grandes áreas de Europa desde el Danubio hasta el Rin y el Ródano durante este tiempo. Fue alrededor del año 100 d.C. que los Trévires, una de las tribus célticas, alcanzó un período de prosperidad. Construyeron cierto número de establecimientos fortificados o oppidum cerca del valle de Mosela en lo que ahora es el sur de Luxemburgo, la Alemania occidental y el este de Francia.

La civilización céltica alcanzó su apogeo en el siglo I a.c., antes de la conquista romana en el 54 a. C.. La mayoría de las evidencias de ese período se han descubierto en las tumbas, muchas encontradas cerca de Titelberg, un sitio de 50 ha. que revela mucho sobre las viviendas y la artesanía del período.

La primera referencia conocida sobre el territorio del Luxemburgo moderno fue realizada por Julio César en su "Comentarios sobre la Guerra de las Galias ". 1

La tribu céltica en lo que ahora es Luxemburgo durante y después del período de La Tène fue conocida como los Trévires. Con mucho, los Trévires fueron más que cooperativos con los Romanos, que terminaron su ocupación en el 53 a. C. bajo el mandato de Julio César, que la mayoría de las tribus celtas. Dos rebeliones en el siglo I a.C. no dañaron permanentemente sus relaciones cordiales con Roma, y los Trévires se adaptaron fácilmente a la civilización romana.

Luxemburgo Medieval (963 – 1477)

Asentamientos iniciales en el área de la Ciudad de Luxemburgo actual antes del siglo X, con la iglesia Saint-Saveur, actualmente llamada St.Micheal, construida en 987.

La historia, propiamente dicha, de Luxemburgo comienza con la construcción del Castillo de Luxemburgo en la Edad Media. Fue Siegfried I, Conde de las Ardenas, el que cambió algunas de sus ancestrales tierras a los monjes de la Abadía de San Maximino en Tréveris en el año 963 a cambio de un antiguo fuerte, supuestamente romano, con el nombre de Lucilinburhuc. Historiadores modernos explican la etimología de la palabra con Letze, significando fortificación que puede hacer referencia tanto a los restos de una atalaya romana como a un refugio primitivo de comienzos de la edad media.

Alrededor de este fuerte se desarrolló gradualmente una ciudad, que se convirtió en el centro de un pequeño, pero importante estado, de gran valor estratégico para Francia, Alemania y los Países Bajos. La fortaleza de Luxemburgo, localizada en un afloramiento rocoso conocido como el Bock, fue constantemente ampliada y reforzada a lo largo de los años por sus sucesivos dueños, entre otros los Borbones, los Habsburgo y los Hohenzollern, que hicieron de ella una de las fortalezas más resistentes del continente Europeo. Sus formidables defensas y situación estratégica provocaron que fuese conocida como el 'Gibraltar del Norte'.

La dinastía Luxemburguesa proporcionó varios emperadores del Imperio Sacro Romano, Reyes de Bohemia y arzobispos de Tréveris y Maguncia. Desde la Alta Edad Media hasta el Renacimiento, Luxemburgo tuvo múltiples nombres, dependiendo del autor. Éstos incluyen Lucilinburhuc, Lutzburg, Lützelburg, Luccelemburc, Lichtburg, entre otros.

Luxemburgo se mantiene como un feudo independiente durante el Sacro Imperio Romano Germánico hasta 1354 cuando es consagrado por Carlos IV de Luxemburgo como ducado. En aquel momento la familia luxemburguesa tenía la Corona de Bohemia, pero el ducado fue poseído generalmente como herencia por una rama separada de la familia. En 1437 la familia luxemburguesa imperial se extinguió en la línea masculina. En aquel momento, el ducado y el castillo fueron heredados por la princesa Bohemia Elisabeth de Gorlitz, Duquesa de Luxemburgo, una joven nieta del emperador Carlos IV, que sin embargo no tuvo hijos, y en 1440 firmó un tratado con su poderoso vecino Felipe III, Duque de Borgoña, por el que Felipe administraría el ducado y lo heredaría después de la muerte de la Duquesa Elisabeth, que ocurrió en 1451. Felipe, sin embargo, aceleró las cosas expulsando a Elisabeth en 1443. Los herederos de la principal dinastía luxemburguesa no estaban contentos con el acuerdo que habían hecho los Borgoñeses, e intentaron varias veces arrebatar su posesión a Borgoña: el príncipe de Habsburgo, Ladislao el Póstumo, el rey de Bohemia y Hungría tuvo el título en la década de 1450, y después de su muerte, su cuñado Guillermo de Turingia lo mantuvo (o por lo menos lo reclamó) de 1457 a 1469. En 1467, Elisabeth, Reina de Polonia, la última hermana viva de Ladislao, renunció a su derecho en favor de Borgoña por un tratado y algunas concesiones, ya que su posesión era casi imposible de mantener contra las acciones Borgoñesas. Después de ser capturado por Felipe de Borgoña en 1443 y en última instancia, de 1467 a 1469, el ducado pasó a ser una de las Diecisiete Provincias de los Países Bajos. Con el matrimonio de María de Borgoña en 1477 todas las provincias de los Países Bajos, incluyendo Luxemburgo, pasaron a estar bajo el mandato de los Habsburgo en la persona de su marido Maximiliano, y de su posterior hijo Felipe el Hermoso.

Gobierno de los Habsburgo (1477 - 1815)

En estos siglos los electores de Brandenburgo, posteriormente reyes de Prusia, avanzaron su demanda sobre el patrimonio de Luxemburgo, siendo herederos-generales Guillermo de Turingia y su esposa Ana de Bohemia, los disputados duques de Luxemburgo de la década de 1460 - Ana era la hija mayor del último heredero de Luxemburgo. De 1609 en adelante, tenían una base territorial en las inmediaciones, el Ducado de Cléveris, el punto de partida de la futura Renania prusiana. Esta demanda de los Brandenburgo finalmente produjo algunos resultados cuando varios distritos de Luxemburgo fueron unidos a Prusia en 1813.

El primer Hohenzollern en demandar su descendencia de Ana y de su hermana más joven, Isabel, fue John George, Elector de Brandenburgo (1525-98), al haber sido su abuela materna Bárbara de Polonia. A finales del siglo XVIII, la línea más joven de la Casa de Orange-Nassau (los príncipes que llevaron a cabo el sacudimiento de la oligarquía holandesa vecina) también se convirtieron en parientes de los Brandenburgo.

En 1598, el entonces poseedor, Felipe II de España, legó Luxemburgo y los otros Países Bajos a su hija la Infanta Isabel Clara Eugenia y su marido Alberto VII, Archiduque de Austria, Alberto que es heredero y descendiente de Isabel de Austria (d. 1505), reina de Polonia, la nieta más joven de Segismundo de Luxemburgo, el emperador del Sacro Imperio Romano. Así, Luxemburgo volvió a los herederos de la vieja dinastía de Luxemburgo - por lo menos a los de la línea de Isabel. Los Países Bajos eran una entidad política separada durante el reinado del matrimonio. Después de la muerte sin hijos de Alberto en 1621, Luxemburgo pasó a su sobrino-nieto y el heredero Felipe IV de España, que, a través de su abuela paterna Ana de Austria, la reina de España, hermana de Alberto, era el heredero primogénito de la reina ya mencionada, Isabel de Polonia.

Luxemburgo fue invadido por Luis XIV de Francia (marido de María Teresa, hija de Felipe IV) en 1684, acción que causó la alarma entre los países vecinos de Francia y dio lugar a la formación de la Liga de Augsburg en 1686. En el sobrevenir de la guerra, Francia fue obligada a devolver el ducado, que fue devuelto a España por el Tratado de Ryswick en 1697. Durante este período de gobierno francés, las defensas de la fortaleza fueron consolidadas por el famoso ingeniero de asedios Vauban. El bisnieto del rey Francés Luis (1710-74) era, a partir de 1712, el primer heredero general de Alberto VII quién era además descendiente de Ana de Bohemia y de Guillermo de Thuringia, teniendo esa sangre a través de la tatarabuela Danesa de su madre (él sin embargo no era el heredero general de esa línea, sólo era el heredero general de la otra). Luis era el primer demandante real de Luxemburgo descendiente de ambas hermanas, las hijas de Isabel II de Bohemia, las últimas emperatrices de Luxemburgo.

El gobierno de los Habsburgo estaba confirmado en 1715, y Luxemburgo fue integrado en los Países Bajos Austriacos. El Emperador José y su sucesor el Emperador Carlos VI eran, además de su descendencia de reyes españoles quienes eran herederos de Alberto VII, descendientes de Ana de Bohemia y Guillermo Thuringia, teniendo esa sangre a través de su madre (aunque no eran herederos generales de ninguna línea). Carlos era el primer gobernante de Luxemburgo descendiente de ambas hermanas, hijas de Isabel II de Bohemia, la última emperatriz de Luxemburgo.

Los gobernantes austriacos estuvieron más o menos dispuestos a intercambiar Luxemburgo y otros territorios en los Países Bajos. Su propósito era pulir y agrandar su centro de poder, que en términos geográficos se centraba alrededor de Viena. Así, surgieron candidatos Bávaros para asumir el control del Ducado de Luxemburgo, pero éste plan no tuvo demasiada continuidad. Sin embargo, el Emperador José II, creó un pacto preliminar para hacer a un vecino de Luxemburgo, Carlos Teodoro, Elector Palatinado, como Duque de Luxemburgo y rey en los Países Bajos, a cambio de sus posesiones en Baviera y Franconia. Sin embargo, éste proyecto fue suspendido. Carlos Teodoro, que se habría convertido en el Duque de Luxemburgo, fue genealógicamente un descendiente menor de Ana y de Isabel, pero no era heredero principal de ninguna.

Durante la Guerra de la Primera Coalición, Luxemburgo fue conquistado y anexado por la Francia revolucionaria, formando parte del departamento de Forêts2 en 1795. La anexión fue formalizada en Campo Formio en 1797. En 1798 campesinos luxemburgueses se rebelaron contra los franceses pero la rebelión fue sofocada rápidamente. Esta corta rebelión es llamada la Guerra de los campesinos.

Luxemburgo seguía más o menos bajo el mandato francés hasta la derrota de Napoleón en 1815, cuando el Congreso de Viena dio autonomía formal a Luxemburgo. Los prusianos ya habían dirigido en 1813 las tierras obtenidas de Luxemburgo, para consolidar la posesión prusiana del Ducado de Julich. Los borbones de Francia llevaron a cabo una fuerte demanda por Luxemburgo, el Emperador de Austria por otra parte había controlado el ducado hasta que las fuerzas revolucionarias lo habían unido a la República Francesa (él, según se informa, no era entusiasta sobre la recuperación de Luxemburgo y los Países Bajos, estando más interesado en los Balcanes). El rey del Prusia llevó a cabo la demanda de la heredera mayor, Ana. Un pretendiente adicional emergió, Guillermo VI, Príncipe de Orange, quien en ese momento gobernaba los Países Bajos, y cuya madre y esposa eran descendientes de la familia real prusiana y así también descendientes de las dos hijas de la última heredera de Luxemburgo. Prusia y Orange-Nassau hicieron el siguiente reparto e intercambio: Prusia recibió las tierras ancestrales de Nassau en Alemania central (Dillenburg, Dietz, Siegen, Hadamar, Beilstein), y el Príncipe de Orange a cambio recibió Luxemburgo.

Luxemburgo, algo disminuido de tamaño (pues las tierras medievales habían sido reducidas levemente por los herederos franceses y prusianos), fue aumentado de otra manera con la elevación al estado de Gran ducado y colocado bajo el gobierno de Guillermo I de los Países Bajos. Ésta era la primera vez que el ducado tenía un monarca que no tenía ninguna demanda a la herencia del patrimonio medieval (como los linajes a través de su madre y esposa que tenían un mejor derecho de demanda, el mismo rey prusiano). Sin embargo, el valor militar de Luxemburgo para Prusia evitó que formase parte del reino holandés. La fortaleza, asiento ancestral de los luxemburgueses medievales, fue tomada por las fuerzas prusianas, después de la derrota de Napoleón, y Luxemburgo se convirtió en un miembro de la Confederación Alemana con Prusia responsable de su defensa.

En julio de 1819 un contemporáneo de Gran Bretaña visitó Luxemburgo: su diario ofrece algunas pinceladas sobre la situación del país. Norwich duff escribe que "Luxemburgo está considerado una de las fortificaciones más resistentes de Europa, y... así aparece. Se sitúa en Holanda (entonces y ahora usada por las personas de habla inglesa como la taquigrafía para los Países Bajos) pero por tratado está guardado por prusianos y 5000 de sus tropas lo ocupan a cargo de Príncipe de Hesse. El gobierno civil está a cargo de los holandeses y los impuestos son recogidos por ellos. La ciudad no es muy grande pero las calles son más amplias que [en] las ciudades francesas y limpias y las casas son buenas... ..[yo] conseguí el más barato de los baños calientes aquí en la casa principal que he tenido en mi vida: un franco."

Mucha de la población luxemburguesa se unió a la Revolución Belga contra el dominio de Holanda. A excepción de la fortaleza y de su vecindad inmediata Luxemburgo era considerado una provincia del nuevo estado belga desde 1830 hasta 1839. Por el Tratado de Londres en 1839 el estado del Gran ducado fue confirmado como soberano y en unión personal al rey de los Países Bajos. Sucesivamente, la parte del ducado de lengua predominante francesa fue cedida a Bélgica como provincia de Luxemburgo. Esta pérdida dejó el Gran Ducado de Luxemburgo como un estado predominantemente de lengua alemana, aunque la influencia cultural francesa seguía siendo fuerte. La pérdida de mercados belgas también causó dolorosos problemas económicos para el estado. Reconociendo esto, el Gran duque lo integró en el Zollverein alemán en 1842. Sin embargo, Luxemburgo siguió siendo un país agrario subdesarrollado durante la mayor parte del siglo. Como resultado de esto, cerca de uno de cada cinco de los habitantes emigraron a los Estados Unidos entre 1841 y 1891.

No fue hasta 1867 que la independencia de ese Luxemburgo fue ratificada formalmente, después de un período turbulento que incluso incluyó un pequeño momento de malestar civil contra los planes de anexar Luxemburgo a Bélgica, Alemania o Francia. La crisis de 1867 casi da lugar a una guerra entre Francia y Prusia sobre el estado de Luxemburgo. El problema fue resuelto por el segundo Tratado de Londres que garantizó la independencia perpetua y neutralidad del estado. Las paredes de la fortaleza fueron derribadas y la guarnición prusiana fue retirada.

Los visitantes famosos a Luxemburgo en el siglo XVIII y el siglo XIX incluyeron al poeta alemán Goethe, a los escritores franceses Émile Zola y Victor Hugo, al compositor Franz Liszt, y a pintor inglés Joseph Mallord William Turner.

Separación y Guerras Mundiales (1890 – 1945)

Luxemburgo seguía siendo una posesión de los reyes de los Países Bajos hasta la muerte de Guillermo III en 1890, cuando el Gran ducado pasó a la casa de Nassau-Weilburg debido a un pacto de la herencia de Nassau de 1783.

Durante la Primera guerra mundial, Luxemburgo fue ocupada por Alemania, aunque el gobierno y la Gran Duquesa María Adelaida tuvieron permiso para permanecer en su cargo durante la ocupación (hasta 1918), recibiendo acusaciones de colaboracionismo por parte de Francia. Fue liberada por tropas estadounidenses y francesas. Dos divisiones americanas fijaron su base en el estado en los años que siguieron a la guerra. En Versalles la demanda belga de Luxemburgo fue rechazada y su independencia fue reafirmada.

En los años 30 la situación interna se deterioró, la política luxemburguesa fue influenciada por la política de izquierda y de derecha europeas. El gobierno intentó contrarrestar los disturbios conducidos por los comunistas en las áreas industriales y continuó con políticas amistosas hacia la Alemania nazi, lo que produjo muchas críticas. Los intentos de sofocar los disturbios llegaron a su punto más álgido con el Maulkuerfgesetz, la ley del "bozal", que era un intento de proscribir el Partido Comunista de Luxemburgo. La ley fue dada rechazada en 1937 en referéndum.

Durante la Segunda Guerra Mundial el gobierno y la monarquía luxemburguesa fueron enviados al exilio por la invasión alemana del 10 de mayo de 1940, aunque las tropas alemanas realmente ocuparon la ciudad durante la noche del 9 de mayo. Durante la guerra, la Gran Duquesa Charlotte transmitió mensajes, a través de la BBC, para dar esperanza a la gente de Luxemburgo. El estado fue puesto bajo ocupación militar hasta agosto de 1942, cuando fue anexado formalmente por el Tercer Reich como parte del Gau Moselland. Los luxemburgueses fueron declarados ciudadanos alemanes y 13.000 fueron reclutados para el servicio militar. Sobre 2.848 luxemburgueses murieron eventualmente luchando en el ejército alemán. Las medidas para acallar la oposición luxemburguesa a esta anexión fueron seguidas de resistencia pasiva al principio, como el Spéngelskrich (lit. "Guerra de los Alfileres"), y rechazando hablar alemán. Mientras que el francés fue prohibido, muchos luxemburgueses recurrieron a la reutilización de las viejas palabras luxemburguesas, que condujeron a un renacimiento de la lengua. Otras medidas incluyeron la deportación, los trabajos forzados, el reclutamiento forzoso y, más drásticos, el internamiento y la deportación a los campos de concentración y la ejecución. La última medida fue aplicada después de la huelga general del 1 de septiembre al 3 de septiembre de 1942, la cual paralizó la administración, la agricultura, la industria y la educación como respuesta a la declaración de reclutamiento forzoso por la administración alemana el 30 de agosto de 1942. Fue suprimida violentamente: 21 huelguistas fueron ejecutados y varios cientos más fueron deportados a campos de concentración. El administrador civil de Luxemburgo en aquel momento, el Gauleiter Gustav Simon, había declarado necesario el reclutamiento para apoyar el esfuerzo alemán en la guerra. Al final, fue una de las dos únicas huelgas masivas en contra de la maquinaria de guerra alemana en la Europa occidental.

Las fuerzas estadounidenses liberaron de nuevo a la mayoría del país en septiembre de 1944, aunque fueron momentáneamente obligados a retirarse durante la Batalla del Bulge, también conocida como la Ofensiva de las Árdenas o la Ofensiva Rundstedt, que llevó a las tropas alemanas a recuperar la mayoría de la parte norte de Luxemburgo durante algunas semanas. Los alemanes fueron expulsados finalmente en enero de 1945. En total, de una población de 293.000 habitantes antes de la guerra, 5.259 luxemburgueses perdieron sus vidas durante las hostilidades.

Historia moderna (desde 1945)

Después de la Segunda guerra mundial Luxemburgo abandonó su política de neutralidad, cuando se convirtió en miembro fundador de la OTAN en 1949 y formó parte de las Naciones Unidas. Es uno de los firmantes del Tratado de Roma, y constituyó una unión monetaria y económica con Bélgica y los Países Bajos, el denominado BeNeLux en 1948.

En 1951, Robert Schuman, originario de este país, impulsa la Comunidad Europea del Carbón y del Acero (CECA). Esta comunidad suele ser considerada como la "semilla" de la actual Unión Europea.

Luxemburgo ha sido uno de los más fuertes defensores de la Unión europea en la tradición de Robert Schuman. En 1957, Luxemburgo se convirtió en uno de los seis países fundadores de la Comunidad Económica Europea (más adelante Unión Europea) y en 1999 se unió al área monetaria del Euro.

En 1985, el país fue víctima de un misterioso fallo eléctrico, que afectó sobre todo a torres eléctricas y otras instalaciones.

En 1995 Luxemburgo proporcionó el Presidente de la Comisión Europea, el Primer Ministro anterior Jacques Santer, quién tuvo que dimitir más adelante debido a acusaciones de corrupción contra otros miembros de la Comisión.

El Primer Ministro actual, Jean-Claude Juncker sigue esta tradición europeísta. El 10 de septiembre del 2004, el Sr. Juncker se convirtió en el presidente semipermanente del grupo de Ministros de Hacienda de los 12 países que comparten el euro, un papel apodado "Sr. Euro".

El actual soberano es el Gran Duque Henri. El padre de Henri, el Gran Duque Jean, sucedió a su madre, la Gran Duquesa Carlota, el 12 de noviembre de 1964. Designaron al hijo mayor del Gran Duque Jean, el príncipe Henri, "Lieutenant Représentant" (Gran Duque Heredero) el 4 de marzo de 1998.

El 24 de diciembre de 1999, el primer ministro Juncker anunció, el 7 de octubre del 2000, la decisión del Gran Duque Jean de abdicar al trono en favor del príncipe Henri, que asumió el título y los deberes constitucionales del Gran Duque.

El 10 de julio de 2005, después de amenazas de dimisión por parte del Primer Ministro Juncker, la propuesta de la Constitución Europea fue aprobada por el 56.52% de los votantes.

Parte de esta información ha sido tomada de:

http://es.wikipedia.org/wiki/Historia_de_Luxemburgo (Acesso 07-09-10).

Historia de Holanda

Si se escogiese como punto de partida para la historia neerlandesa los signos de actividad humana más antiguos, esta historia entonces tendría su comienzo hace al menos 250.000 años. Sin embargo, no fue hasta la llegada de los romanos, quienes se anexionaron la parte sur del actual país, que las fuentes escritas en sus habitantes se hacen comunes. En la época de la ocupación romana, el país estaba habitado por varias tribus germánicas, y el sur estaba habitado por celtas, quienes se mezclaron con los recién llegados durante el Völkerwanderung (la peregrinación de los pueblos) que siguió a la caída del imperio romano.

En el periodo medieval, los Países Bajos (incluyendo Bélgica) consistían en varios condados, ducados y diócesis pertenecientes al Sacro Imperio Romano. Fueron unificados (incluyendo Bélgica) en un sólo estado regido por los Habsburgo en el siglo XVI. La contrarreforma que siguió al éxito del calvinismo en los Países Bajos, y los intentos para centralizar el gobierno, condujeron a una revuelta contra Felipe II de España. El 26 de julio de 1581, la independencia fue declarada, y finalmente reconocida después de la Guerra de los Ochenta Años (1568-1648). Los años de la guerra también marcaron el comienzo de la edad dorada holandesa, un periodo de gran prosperidad comercial y cultural, que aproximadamente abarcó el siglo XVII.

Después de la ocupación francesa al comienzo del siglo XIX, los Países Bajos pasaron a ser una monarquía, regida por la casa de Orange Sin embargo, después de un periodo conservador, los fuertes sentimientos liberales no podían ser ignorados, y el país pasó a ser una democracia parlamentaria con una monarquía constitucional en 1848. Ha permanecido así hasta nuestros días, con una breve interrupción durante la ocupación .

Los Países Bajos son hoy en día una nación moderna industrializada y un gran exportador de productos agrícolas. El comercio internacional, en este caso literalmente comercio ultramarino, siempre ha sido un aspecto central de la economía holandesa (con sus correspondientes influencias culturales) y fue una causa importante de los anhelos independentistas y la siguiente prosperidad.

Era Prehistórica

Los Países Bajos han sido habitados desde la última glaciación; los más antiguos vestigios hallados tienen una antigüedad de 100.000 años. Durante la última glaciación, el país poseía un clima de tundra con muy escasa vegetación. Sus primeros pobladores fueron cazadores-recolectores. Al finalizar la edad de hielo, el área fue habitada por varios grupos paleolíticos. Un grupo incluso fabricó canoas (Pesse, hacia 9000 a. C.) y después de eso, alrededor de 8000 a. C., una tribu mesolítica residió cerca de Bergumermeer (Frisia).

La agricultura llegó a los Países Bajos hacia el año 5000 a. C., a través de la cultura de alfarería linear (probablemente proveniente de las granjas de Europa central), pero fue sólo practicada en las llanuras del extremo sur del país (Limburgo del Sur). Los conocimientos de esta cultura no fueron empleados para construir granjas en el resto de los Países Bajos debido a la falta de animales domésticos y de herramientas.

Después de que los primeros granjeros abandonaran los Países Bajos alrededor del 4500 a. C., sólo quedaron cazadores y recolectores (con un asentamiento en Swifterband alrededor del 4300 a. C. como excepción), como los cazadores de la cultura vlaardinga (alrededor de 2600 a. C.).

Más tarde, los primeros restos notables de la prehistoria holandesa fueron erigidos: los dólmenes, grandes tumbas monumentales de piedra. Han sido encontrados en la provincia de Drente, y fueron probablemente construidos por gente de la cultura granjera de Funnelbeaker entre 4100 y 3200 a. C.

Al oeste, las primeras tribus debieron haber construido campamentos cazadores para cazar el gamo invernal, como refugios. Hay incluso más evidencia de pequeños asentamientos en el oeste.

La primera evidencia del uso de ruedas proviene de alrededor del 2400 a. C. Esto probablemente habría sido hecho por alguien relacionado con la cultura Bellbeaker (Klokbeker cultuur). Esta cultura también experimento con cobre, de lo que alguna evidencia (yunques de piedra, cuchillos de cobre, diademas de cobre) fue encontrada en el parque de Veluwe. Cada hallazgo de cobre nos muestra el comercio con otros "países", debido a que el mineral de cobre no se encuentra en el suelo holandés.

La edad de bronce probablemente comenzó en algún lugar alrededor del 2000 a. C. Las herramientas de bronce en la tumba de "El herrero de Wageningen" ilustran su búsqueda de conocimiento. Después de este descubrimiento, mas objetos de la edad de bronce aparecieron, como Epe, Drouwen, etc. Los muchos hallazgos de raros (y por ello valiosos) objetos como cuentas de estaño en un collar en Drenthe sugieren Drenthe como un centro de comercio de los Países Bajos en la Edad de Bronce.

La cantidad de objetos de bronce rotos, dispuestos para reciclar (Voorschoten) nos dice algo sobre el valor de este metal en la Edad de Bronce, que duró hasta cerca del 800 AdC. La tipología de los objetos típicos de la Edad de Bronce holandesa es: cuchillos, espadas, hachas, bracaletes, etc. La mayoría de los objetos de la Edad de Bronce fueron encontrados en Drenthe. Un objeto muestra que los mercaderes viajaban lejos: grandes situalae (cubos) de bronce fueron manufacturadas en algún lugar en el este de Francia o en Suiza, para mezclar vino con agua (una constumbre greco-romana).

La Edad de Hierro trajo riquezas a los Países Bajos, porque el mineral de hierro se econtraba tanto en el Norte (moeras ijzererts) como en el Centro ("bolas" naturales con hierro en ellas, en Veluwe) así como en el Sur (hierro rojo cerca de los ríos en Brabant). Los herreros podían viajar de pequeño asentamiento en pequeño asentamiento con bronce y hierro, fabricando herramientas de encargo, como hachas, cuchillos, clavos, puntas de flecha, espadas... Hay incluso evidencia del uso de forjado "damast"; una evolucionada técnica para forjar el metal (espadas) con la ventaja del hierro flexible con la fuerza de acero. La riqueza de los Países Bajos en la Edad de Hierro puede ser vista en la "Tumba del rey en Oss" (sobre el 500 a. C.). Allí, un verdadero rey fue enterrado con algunos objetos extraordinarios: una espada de hierro con un grabado de oro y coral. Fue enterrado en el mayor monte funerario de Europa Occidental, que tenía 52 m de ancho.

En la época de la llegada de los romanos, los Países Bajos se hallaban habitados por varias tribus germanicas, quienes se habían asentado aquí alrededor del 600 a. C., como los Tubanti, los Canninefates, los Frisios. Tribus celtas se asentaron en el Sur, entre ellas los ebudfgrones, menaipos y texuandri. Diversos germanos se asentaron el delta del Rin al comienzo de la ocupación romana, y formaron la tribu de los Batavios. Los Batavios fueron honrados como buenos soldados y lucharon en muchas batallas importantes, como la conquista de Dacia (Rumanía) por el emperador Trajano. En posteriores lecturas nacionalistas, los batavios fueron nombrados los "verdaderos" ascendientes de los holandeses, como posteriormente en el nombre de la República de Batavia.

Época romana

En el siglo I a. C., los romanos conquistaron la parte sur de los Países Bajos, donde crearon la provincia romana de Germania Inferior. Para la mayor parte de la zona ocupada por los romanos, el borde fronterizo estaba en el Rin. Los romanos fueron los primeros en construir ciudades en los Países Bajos. Las más importante fueron Utrecht, Nimega y Mastrique. La parte norte de los Países Bajos, que estaba fuera del Imperio romano y que era el lugar donde los frisios vivían (y todavía lo hacen), fue fuertemente influenciada por su poderoso vecino del sur. Los romanos también introdujeron la escritura.

La relación con los habitantes originales fue buena en general; muchos batavos sirvieron en la caballería romana. La cultura bátava fue influenciada por la romana, resultando, entre otras cosas, en templos de tipo romano como el de Elst, dedicado a los dioses locales. Sin embargo esto no impidió la rebelión bátava en el 69 d. C., una revuelta muy exitosa bajo el liderazgo del líder bátavo Cayo Julio Civilis. Cuarenta castellae fueron quemados porque los romanos violaron los derechos de los líderes bátavos al tomar a jóvenes bátavos como esclavos. Otros soldados romanos (como los de Xanten y las tropas auxiliares bátavas y caninefatas procedentes de las legiones de Vitelio) se unieron a la revuelta, que incluso dividió la parte norte del ejército romano. En abril del año 70, Vespasiano envió unas cuantas legiones para frenar la revuelta. Su comandante, Petilio Cerialis, fue derrotado por los batavos y comenzó negociaciones con Julio Civilis en su terreno, en algún lugar entre Waal y Maas cerca de Noviomagus (Nimega) o, como los batavos probablemente lo llamaban, Batavodurum. (Fuente: Historiae, Tácito).

La civilización romana fue eliminada del área por las migraciones masivas de pueblos Germánicos, lo que después sería conocido como Völkerwanderung.

El Sacro Imperio Romano

Los recién llegados se unieron a los habitantes originales para crear tres pueblos en los Países Bajos: los frisios a lo largo de la costa, los sajones en el este y los francos en el sur. Los francos se convirtieron al cristianismo después de que su rey Clodoveo I lo hiciera en el año 496. Así, el cristianismo fue introducido en el norte gracias a la conquista de Frisia por los francos. Misioneros anglosajones como Vilibrordo y Bonifacio se implicaron activamente en la conversión de estas tribus a la fe cristiana. De hecho, Bonifacio fue martirizado en Dokkum en 754. Por otra parte, los sajones del este se convirtieron antes de la conquista de Sajonia y se aliaron con los francos.

Los Países Bajos pertenecían al imperio franco de Carlomagno, cuyo núcleo se encontraba en lo que hoy es Bélgica y el norte de Francia, y que se extendía además por el resto de Francia, Alemania, norte de Italia y otros territorios de Europa occidental. En 843, con el Tratado de Verdún, el Imperio quedó dividido en tres partes: Francia en el oeste, Alemania en el este y un imperio entre los dos, que abarcaba los Países Bajos, el este de Francia y el norte de Italia. Posteriormente, este imperio central se dividió; la mayor parte de los territorios de habla neerlandesa se integró en Alemania y Flandes se incorporó a Francia.

Entre los años 800 y 1000, los Países Bajos padecieron los saqueos de los vikingos. Sus ataques eran muy virulentos (una de estas incursiones destruyó la rica ciudad de Dorestad). De 850 a 920, la mayor parte del país fue ocupado por este pueblo belicoso. Francia y Alemania luchaban por el dominio del imperio central, al tiempo que los vikingos querían restaurar el reino frisio que había sido sometido 150 años antes por los francos. La resistencia al poder vikingo se centró, si acaso, en la nobleza local, que ganó prestigio como consecuencia. Finalmente, la supremacía vikinga terminó en 920, cuando el rey Enrique I de Alemania liberó Utrecht.

Los reyes y emperadores alemanes dominaron los Países Bajos durante los siglos X y XI. Alemania recibió la denominación de Sacro Imperio Romano tras la coronación de Otón I el Grande como emperador. La ciudad neerlandesa de Nimega fue un lugar significativo para los emperadores germanos; varios de ellos nacieron y murieron allí. Utrecht, por otro lado, era también una ciudad importante con un destacable puerto comercial.

Buena parte del oeste de los Países Bajos (lo que es hoy la región de Holanda) apenas estuvo habitada desde el final de la era romana hasta comienzos del siglo XII. Hacia el año 1000, granjeros de Flades y Utrecht comenzaron a comprar terrenos pantanosos, para drenarlos y cultivarlos. Este proceso se desarrolló con rapidez y en pocas generaciones se logró colonizar las tierras antes deshabitadas. Se establecieron granjas independientes que no formaban parte de las aldeas, lo que constituía una peculiaridad en la Europa de aquella época. Antes de que esto ocurrieran, la lengua y cultura de las gentes de Holanda eran predominantemente frisias. Esta área era conocida como Frisia Occidental (Westfriesland). No obstante, según fue avanzando el proceso de colonización, la cultura de los francos fue imponiéndose. En el siglo XII, la zona ya era conocida con el nombre de Holanda.

Alrededor del año 1000, surgieron varias innovaciones en las técnicas de cultivo (descritas en ocasiones como "revolución agrícola") que supusieron un aumento en la producción, especialmente en la producción de alimentos. La economía empezó a crecer a un ritmo rápido, y la mayor productividad permitió a los trabajadores cultivar más tierras o dedicarse al comercio. Pronto se crearon los gremios y se desarrollaron los mercados como consecuencia de que la producción excediera las necesidades locales. Además, la introducción de la divisa facilitó mucho la actividad comercial. Los núcleos urbanos ya existentes crecieron y nuevos asentamientos surgieron en torno a monasterios y castillos, al tiempo que una nueva clase media de mercaderes comenzó a tomar forma en esas zonas urbanas. Como resultado del crecimiento económico, también aumentó la población.

Las Cruzadas fueron populares en los Países Bajos y muchos se unieron para ir a luchar en Tierra Santa. Mientras tanto, había una relativa paz en Europa, pues los saqueos vikingos, húngaros y musulmanes habían cesado. Tanto las Cruzadas como esta paz relativa contribuyeron a la expansión del comercio.

Las ciudades florecieron, especialmente aquéllas de Flandes y Brabante. Al tiempo que las ciudades crecían en riqueza y poder, empezaron a comprar ciertos privilegios al soberano, incluyendo el derecho al autogobierno y a aprobar sus propias leyes. En la práctica, esto supuso que las ciudades más ricas se convirtieran en repúblicas casi independientes. Dos de las ciudades más importantes fueron Brujas y Amberes, que alcanzarían gran relevancia a nivel europeo.

El Sacro Imperio Romano se mostró incapaz de mantener la unidad política. Además de la creciente independencia de las ciudades, los gobernantes locales transformaron sus ducados y condados en reinos privados y se sentían poco obligados a obedecer al emperador, cuyo poder era tan sólo nominal en buena parte del Imperio. Una gran parte de lo que actualmente son los Países Bajos estaba gobernada por el conde de Holanda, el duque de Güeldres, el duque de Brabante y el obispo de Utrecht. En el norte, Frisia y Groninga mantuvieron su independencia y eran gobernadas por la pequeña nobleza.

Los varios estados feudales se encontraban en una condición de casi guerra continua. Güeldres y Holanda luchaban por el control de Utrecht. Por su parte, Utrecht - cuyo obispo, en el año 1000, había llegado a gobernar sobre más de la mitad de lo que hoy son los Países Bajos - se vio marginada debido a las continuas dificultades que experimentaba para elegir nuevos obispos, mientras que las dinastías de los estados vecinos eran más estables. Groninga, Drente y la mayor parte de Güeldres, que había formado parte de Utrecht, se independizaron. Brabante trató de someter a sus vecinos, aunque sus intentos fracasaron. Holanda también intentó asegurar su supremacía en Zelanda y Frisia, pero tampoco tuvo éxito.

En el norte, Frisia conservó su independencia durante este período. Poseía sus propias instituciones (cuyo conjunto recibía el nombre de "Libertad Frisia") y se oponía a la imposición del sistema feudal que se podía encontrar en otras localidades europeas. El grito de guerra frisio era "mejor muerto que esclavo". A pesar de todo ello, los frisios perdieron su independencia cuando fueron derrotados en 1498 por los mercenarios lansquenetes alemanes del duque Alberto de Sajonia-Meißen.

Período borgoñón

Buena parte del territorio que hoy conforman los Países Bajos y Bélgica fue unificada por el duque de Borgoña en 1433. Antes de la unión borgoñona, los neerlandeses se identificaban con su ciudad, su condado o ducado local o como súbditos del Sacro Imperio Romano. Fue durante esta etapa borgoñona cuando comenzó a surgir entre los neerlandeses una conciencia de nación.

La conquista del condado de Holanda por el duque Felipe el Bueno de Borgoña fue un tanto inusual. Los principales nobles de Holanda invitaron al duque a conquistar este país, a pesar de que él no tenía ninguna pretensión histórica sobre Holanda. Algunos historiadores afirman que la clase dirigente holandesa deseaba que el país se integrase en el sistema económico flamenco y que adoptase las instituciones legales flamencas. Europa se había visto sacudida por muchas guerras durante los siglos XIV y XV, mientras que Flandes había disfrutado de paz y prosperidad.

Tras unos años de conflicto, la condesa de Holanda fue depuesta en favor de los duques borgoñones. El comercio holandés se desarrolló rápidamente, especialmente en la navegación y el transporte. Los nuevos gobernantes defendieron los intereses comerciales neerlandeses con eficacia. De hecho, la flota holandesa derrotó a la Liga Hanseática en varias ocasiones. Ámsterdam creció y en el siglo XV se convirtió en el principal puerto comercial europeo para el grano procedente de la región báltica. Ámsterdam distribuía grano a las ciudades importantes de Bélgica, norte de Francia e Inglaterra. Este comercio era vital para el pueblo holandés, ya que los Países Bajos ya no producían suficiente grano como para abastecerse a sí mismos.

Güeldres se oponía al dominio borgoñón y trató de crear su propio estado en el noreste de los Países Bajos y noroeste de Alemania. Debido a la falta de dinero, Güeldres hizo que sus soldados se proveyeran de lo que necesitaran mediante el saqueo de los territorios enemigos. Estos soldados supusieron una gran amenaza para los Países Bajos borgoñones. Un acontecimiento notorio fue el saqueo de La Haya. Güeldres estaba aliada con Francia, Inglaterra y Dinamarca, los cuales querían poner fin a la prosperidad de Flandes y al dominio borgoñón sobre los Países Bajos.

La Lucha por la Independencia y la Edad de Oro

Por herencia y conquista todos los Países Bajos llegaron a estar bajo posesión de la dinastía de los Habsburgo bajo Carlos V en el siglo XVI, quien los unificó en un solo estado. El este de Holanda sólo fue ocupado unas décadas antes de la lucha de los holandeses por su independencia. Sin embargo, en 1548, ocho años antes de su abdicación del trono, el Emperador Carlos V garantizó el estatus de las Diecisiete Provincias de Holanda como una entidad separada tanto del Imperio como de Francia. Esta Pragmática Sanción de 1549 no fue de independencia plena, pero permitió una autonomía significativa.

Al Emperador Carlos le sucedió su hijo Felipe II de España. A diferencia de su padre, que había crecido en Gante (Bélgica), Felipe tuvo poco apego personal con los Países Bajos (donde sólo estuvo durante cuatro años), y así la nobleza local lo consideró indiferente hacia su estado. Como católico devoto Felipe estaba consternado por el éxito de la Reforma Protestante en los Países Bajos, que llevó a un aumento en el número de Calvinistas. Sus intentos de reforzar la persecución religiosa de los Protestantes y sus esfuerzos por centralizar el gobierno, la justicia y los impuestos le hicieron impopular y le condujeron a una revuelta. Los holandeses lucharon por su independencia de España, lo que originó la Guerra de los Ochenta Años (1568-1648). Siete provincias rebeldes se unieron en la Unión de Utrecht en 1579 y formaron la República de los Siete Países Bajos Unidos (también conocida como las "Provincias Unidas").

Guillermo de Orange (Slot Dillenburg, 24 de abril de 1533 — Delft, 10 de julio de 1584), el fundador de la familia real holandesa, lideró a los holandeses durante la primera parte de la guerra. Los primeros años fueron un éxito para las tropas españolas. Sin embargo, los asedios siguientes en Holanda fueron contrarrestados por los holandeses. El rey de España perdió el control de los Países Bajos después de que soldados españoles amotinados saqueasen Amberes y matasen a 10.000 habitantes. Los católicos conservadores del sur y el este apoyaron a los españoles. Los españoles recuperaron Amberes y otras ciudades flamencas y holandesas. Recuperaron la mayor parte del territorio en los Países Bajos (pero no en Flandes, teniendo como resultado la separación histórica entre los Países Bajos y Flandes). Flandes era el territorio anti-español más radical. Muchos flamencos huyeron a Holanda, entre ellos, la mitad de la población de Amberes, 3/4 de Brujas y Gante y toda la población de Nieuwpoort, Dunkerque y el campo. La guerra continuó interminablemente durante otros 60 años, pero el enfrentamiento principal había terminado. La Paz de

Westfalia, firmada el 30 de enero de 1648, confirmó la independencia de las Provincias Unidas de España y Alemania. Los holandeses ya no se consideraban a sí mismos como alemanes desde el siglo XV.La identidad nacional se formó principalmente por la provincia de la que procedía la mayoría de la población. Puesto que Holanda era con diferencia la provincia más importante, la República de las Siete Provincias llegó a ser conocida como Holanda en los países extranjeros.

Estos sucesos formaron parte de una lucha más amplia. Véase la Armada Española para ampliar información.

La Edad de Oro

Para más datos sobre la historia social y cultural de la Edad de Oro, véase el artículo sobre la Edad de Oro Holandesa.

Durante la Guerra de los Ochenta Años las provincias holandesas se convirtieron en el centro comercial más importante del norte de Europa, desplazando a Flandes; los barcos holandeses cazaban ballenas en la costa de Svalbard, comerciaban con especias en la India e Indonesia (a través de la Compañía Holandesa de las Indias Occidentales) y fundaron colonias en Nueva Ámsterdam (hoy Nueva York), Sudáfrica y las Indias Orientales. Además, algunas colonias portuguesas fueron conquistadas, principalmente en nordeste de Brasil, Angola, Indonesia y Ceilán. Esta nueva nación floreció cultural y económicamente, creando lo que el historiador Simon Schama llamó "an embarrassment of riches" (tener tantas cosas buenas que es difícil elegir). La especulación del comercio de tulipanes condujo a una quiebra del mercado en 1637, la crisis económica fue superada pronto. Debido a estos desarrollos el siglo XVII lleva el sobrenombre de la Edad de Oro de los Países Bajos. Como los Países Bajos eran una república estaban gobernados más por una aristocracia de comerciantes urbanos, llamados los regentes, que por un rey. Cada ciudad y provincia tenía su propio gobierno y leyes y un grado alto de autonomía. Después de que varios intentos de encontrar un soberano competente no resultaron con éxito, se decidió que la soberanía sería conferida a varios estados provinciales, los cuerpos de gobierno de las provincias. Los Estados Generales, con sus representantes de todas las provincias, decidiría aquellas cuestiones importantes para toda la República. Sin embargo, a la cabeza de cada provincia estaba el estatúder de esa provincia, un puesto ocupado por un descendiente de la Casa de Orange. Normalmente el puesto de estatúder de varias provincias era ocupado por un único hombre.

En 1650 el estatúder Guillermo II, Príncipe de Orange murió repentinamente de viruela; su hijo, el último estatúder y rey de Inglaterra, Guillermo III, nació sólo 8 días después, por tanto, dejó a la nación sin un sucesor obvio. Desde la concepción de la República, había habido una lucha constante por el poder entre los 'regentes', una elite informal de ciudadanos acomodados, por un lado, y la Casa de Orange, por el otro, cuyos partidarios, Orangistas, se encontraban principalmente entre el pueblo llano. Por el momento, los regentes aprovecharon la oportunidad: no habría nuevo estatúder (en Holanda) durante los próximos 22 años. Johan de Witt, un político y diplomático brillante, surgió como la figura dominante. Los Príncipes de Orange se convirtieron en estatúder y en gobernantes casi hereditarios en 1672 y 1748. La República Holandesa de las Provincias Unidas fue una auténtica república solamente desde 1650 a 1672 y desde 1702 a 1748. A estos períodos se les llama la Primera y Segunda Era sin estatúder.

Edad Moderna

Después de ser incorporado al Imperio Francés bajo el mando de Napoleón I, fue formado, en 1815, un Reino Holandés que incluía a las actuales Bélgica y Luxemburgo. Los belgas ganaron su independencia en 1830 y Luxemburgo hizo lo propio años después. Durante el siglo XIX el país tardó en industrializarse en comparación con Alemania o Francia.

La revolución bátava

Al final del Siglo XVIII, crecía la inquietud en los Países Bajos. Había un conflicto entre los Orangistas, que querían que el estatúder Guillermo V de Orange tuviera más poder, y los Patriotas, que estaban influenciados por las revoluciones francesa y de los Estados Unidos, querían una forma de gobierno mas democrática. El "disparo inicial" de ésta ... Revolución Bátava puede ser considerada el manifiesto publicado en 1781 por Joan van der Capellen tot den Pol, fundador de los 'Patriotas': Aan het Volk van Nederland (Al pueblo de los Países Bajos).

Cuando los Países Bajos fueron la segunda nación en reconocer la independencia de los Estados Unidos, los británicos le declararon la guerra. Ésta guerra fue un desastre para los Países Bajos, particularmente en lo económico. Con el tratado de paz, según Fernand Braudel, "se arrodilló la grandeza holandesa".1

La República Bátava y el dominio francés

El Congreso de Viena ocasionó dos importantes cambios: el control colonial sobre Indonesia fue perdido y el Norte y Sur de los Países Bajos se unificaron. En 1815 el país se convirtió en una monarquía cuando el hijo del último estatúder, Guillermo V de Orange-Nassau príncipe de Orange, ascendió al trono como el Rey Guillermo I y adicionalmente se convirtió en gran Duque de Luxemburgo. Bajo el reinado de Guillermo I los Países Bajos comprendían el territorio actual y Bélgica con dos capitales Ámsterdam y Bruselas, pero rápidamente la minoría francofona comenzó a sentirse relegada. Las principales razones entre el norte y el sur fueron la diferencia religiosa (el norte era mayoritariamente protestantes mientras el sur era católico), económicos y lingüísticos. Finalmente estas tensiones provocaron que en 1830 los Belgas se declararan independientes de los Países Bajos y aunque el rey Guillermo I envío un año más tarde las tropas, la movilización de las tropas francesas en favor de la causa belga, lo hizo desistir de cualquier enfrentamiento. Solo ocho años más tarde, en 1839, los Países Bajos reconocieron oficialmente la independencia de Bélgica.

Aunque en los Países Bajos no hubo eventos importantes relacionados con el agitamiento vivido en toda Europa en el año de 1848 demandando liberalización de los estados, el rey Guillermo II promovió reformas liberales y democráticas que incluyeron una nueva constitución escrita por Johan Rudolf Thorbecke que entró en vigor el 3 de noviembre de ese año y en la que el monarca perdió buena parte de sus atribuciones y se prestó particular interés a proteger las libertades civiles.

La ascensión de la reína Guillermina al trono de los Países Bajos en 1890 significó la separación de estos y Luxemburgo, debido a que el título de Gran Duque no puede ser heredado por una mujer.

Siglo XX y comienzos del XXI

A pesar de que los Países Bajos movilizaron sus tropas en agosto de 1914, permanecieron neutrales durante la Primera Guerra Mundial. La invasión alemana de Bélgica aquel mismo año condujo a muchos refugiados belgas (en torno a un millón) a buscar cobijo en el país. Dado que los neerlandeses se encontraban rodeados por países en guerra y el Mar del Norte no era seguro para la navegación civil, los alimentos escasearon y se hizo necesario recurrir al racionamiento. Con el final del conflicto en 1918, la situación regresó a la normalidad.

Ambas cámaras del Parlamento eran elegidas por el pueblo, pero a comienzos del siglo XX sólo podían votar los varones mayores de edad con cierto nivel de ingresos. En 1917 se estableció el sufragio universal masculino (eliminándose así la barrera de los ingresos) y en 1922 se concedió el voto a la mujer. La introducción de sufragio universal favoreció más a los partidios cristianos y a los laboristas, que serían parte de cada gobierno antes los años 1970.

La Gran Depresión de 1929 tuvo efectos muy negativos para la economía neerlandesa. Como el gobierno de Henrik Colijn se negó a cambiar su política económica y a salir del patrón oro, los Países Bajos tardaron más tiempo en recuperarse de la crisis que otros países europeos. La depresión provocó mucho desempleo y pobreza, además de un creciente descontento social. El auge del nacionalsocialismo en Alemania no pasó inadvertido en los Países Bajos, en los que surgió el temor a un nuevo conflicto armado. A pesar de ello, la opinión mayoritaria entre los neerlandeses era que Alemania respetaría la neutralidad de los Países Bajos.

Segunda Guerra Mundial

Al estallar la Segunda Guerra Mundial en 1939, los Países Bajos declararon su neutralidad una vez más. No obstante, el 10 de mayo de 1940 los alemanes lanzaron un ataque contra los Países Bajos y Bélgica y conquistaron la mayor parte del país en poco tiempo. Las mal equipadas tropas neerlandesas pudieron hacer muy poco; el 14 de mayo ya sólo quedaban unas pocas bolsas de resistencia. Sin embargo, aquel día la Luftwaffe (fuerza aérea alemana) bombardeó Rotterdam, la segunda ciudad más importante del país, matando a 800 personas y destruyendo buena parte de la ciudad, lo que dejó sin hogar a 78.000 personas. Tras este bombardeo y las amenazas alemanas de realizar uno similar en Utrecht, los Países Bajos capitularon el 15 de mayo (excepto la provincia de Zelanda). La familia real y algunas tropas huyeron al Reino Unido. Algunos miembros de la familia real vivieron en Ottawa (Canadá) hasta la liberación aliada.

La persecución de los judíos en los Países Bajos (unos 140.000 al comienzo de la guerra) empezó poco después de la invasión. Tan sólo sobrevivieron unos 40.000 hasta el final de la guerra. Es muy conocido el caso de la judía Anne Frank, que más tarde alcanzaría fama mundial cuando su diario, escrito mientras se escondía de los alemanes, fue hallado y publicado. Anne Frank fue descubierta e internada en un campo de concentración, en el que murió poco antes de que fuese liberado.

Fuerzas japonesas invadieron las Indias Orientales Holandesas el 11 de enero de 1942; allí, los neerlandeses se rindieron el 8 de marzo, después de que los japoneses desembarcaran en Java. Sin embargo, muchos navíos y militares holandeses lograron alcanzar Australia, desde donde lucharon contra los japoneses.

En Europa, después de su desembarco en Normandía en junio de 1944, los Aliados avanzaron rápidamente hacia la frontera neerlandesa. Una operación militar en septiembre logró capturar algunos puentes de los ríos más importantes, y la región al sur de estos ríos pudo ser liberada entre septiembre y noviembre. Sin embargo, el resto del país, en el que se hallaba la mayor parte de la población, no fue liberado hasta el final de la guerra. El invierno 1944-1945 fue especialmente duro, provocando hambruna y pasando a la historia neerlandesa con el nombre de Hongerwinter ("invierno del hambre"). En mayo de 1945, la Alemania nazi finalmente se rindió, y firmó su rendición ante los holandeses en Wageningen.

1945 - Actualidad

Tras de la guerra, la economía holandesa prosperó gracias al conocido como "plan Marshall", la ayuda que los Estados Unidos ofrecieron a varios países de europa occidental afectados por la guerra, pero la recepción de dicha ayuda, obligó a que los Países Bajos renunciasen a su colonia en Indonesia y tras varias negociaciones la reina Wilhelmina firmó el acta de independencia de dicha colonia en 1949. Otras colonias obtuvieron la independencia en 1963 Nueva Guinea Neerlandésa y en 1975 Surinam.

En política interna un año antes 1948, se formó la primera "coalición roja-romana" (Rooms-rode coalitie), compuesto por socialistas y católicos con Willem Drees como presidente de gobierno. Este gabinete comenzó a introducir la sistema de seguridad social.

La creación del Benelux, unión económica junto a Bélgica y Luxemburgo, y su posterior unión a otros organismos panaeuropeos dio paso a la creación de la Comunidad Económica Europea tras la firma del tratado de Roma en 1957, por lo que se considera a los Países Bajos como a uno de los países fundadores de dicha organización.

Durante los años 70 la crisis del petróleo hizo que los diferentes gobiernos creasen un frente con cambios en la política económica, creando un ejemplo de crecimiento, lo que algunos denominaron "polder-economie" o economía de pólder.

En 1980 la Reina Juliana abdica en su hija Beatriz, el sexto monarca desde la creación del Reino de los Países Bajos y tercera mujer, tras su madre y su abuela, que reina el territorio de forma consecutiva.

Los gabinetes de Ruud Lubbers (1982-1994) comenzaron con una política de economizar y privatizar.

En 1992 se firmó en la ciudad de Maastricht el Tratado de la Unión Europea.

El gabinete de Wim Kok (1994-2002) fue compuesto por liberales y socialdemócratas, y fue el primer gabinete sin partidos cristianos. En esta época también se introdujeron las reformas liberales como el matrimonio entre personas del mismo sexo y la legalización de eutanasia.

En 2002 el heredero al trono Guillermo Alejandro de Orange-Nassau, contrae en la Nieuwe Kerk de Ámsterdam matrimonio con la argentina Máxima Zorreguieta, hija del que fue ministro de agricultura durante la dictadura argentina en los '70, ese hecho provocó debates en el parlamento, pues algunos partidos no podían tolerar que la futura reina del país tuviese, indirectamente, un pasado tan escabroso, finalmente se acordó prohibir la entrada del padre de Máxima al país para asistir a la boda, a pesar de la polémica suscitada, la ahora princesa Máxima está considerada como uno de los personajes más populares de la casa Orange-Nassau.

La gran inquietud política de ese año se acrecentó cuando apareció el populista Pim Fortuyn, con un programa nacionalista de corte derechista radical. Fortuyn fue asesinado nueve días antes de las elecciones, hecho que conmocionó a la opinión pública, pues nunca antes había pasado algo parecido en el país. En las elecciones, elPartido de Trabajo (PvdA), Partido Popular de la Libertad y la Democracia (VVD) y los Demócratas '66 (D66), los partidos que formaron el anterior gabinete, perdieron casi la mitad de los votos, saliendo beneficiados la Demócrata Cristiana (CDA) y el Partido de Pim Fortuyn (LPF) que fueron los partidos que formaron el primer gabinete Balkenende, aunque tres meses después este fue disuelto debido a las luchas internas en el LPF.

En menos de un año el país se ve envuelto en unas nuevas elecciones 2003, esta vez el resultado fue beneficioso para en el PvdA, que recuperó casi todos los votos perdidos el año anterior aunque el partido más votado fue el del Jan Pieter Balkenende que forma un nuevo gabinete Balkenende II, pero esta vez con el VVD y D66 como socios de coalición, este gabinete hace un relancacimiento de la economía a base de recortes sociales.

En 2004 el país fue conmovido otra vez cuando el cineasta Theo van Gogh fue asesinado por un islamista radical.

El 30 de junio de 2006 se produce la segunda caída de un gabinete, pues uno de los partidos de la coalición, el D66, retira su apoyo debido a la denuncia por parte de la entonces ministra de inmigración e integración Rita Verdonk hacía la diputada Ayaan Hirsi Ali, de origen somalí por la obtención de manera ilegítima de su nacionalidad neerlandesa. Este hecho cuesta el puesto a Verdonk y provoca una convocatoria de nuevas elecciones para 22 de noviembre de 2006 La pérdida de votos por parte del CDA no impiden que vuelva a ser el partido mayoritario y que sea el encargado de dirigir los acuerdos de coalición para la formación de un nuevo gabinete formado por el CDA, cristianos demócratas, PvDA socialista, y CU católicos y como primer ministro J.P. Balkenende.

Como dato curioso, durante su historia democrática, ningún partido ha obtenido mayoría absoluta para poder gobernar en solitario, de ahí que tras unas elecciones no se forme el gobierno inmediatamente, pues tiene que ser discutido y negociado por los partidos mayoritariamente votados, este último gobierno de J.P. Balkenende ha sido considerado como uno de los de más rápida creación desde la segunda guerra mundial, pues tan solo ha tardado en formase 90 días..

Parte de esta información ha sido tomada de:

http://es.wikipedia.org/wiki/Historia_de_Holanda (Acesso 07-09-10).

Historia de Bélgica

La historia de Bélgica se divide tradicionalmente en dos grandes episodios. El primero de ellos es aquel que comprende la historia del conjunto de territorios que formaron en el año 1830 el Estado de Bélgica propiamente dicho (pues nunca fue independiente de un modo estable antes de este año). El segundo retoma la sucesión de acontecimientos a partir de esta fecha clave, que supone el nacimiento de Bélgica en tanto que nación independiente política y territorialmente hablando.

Generalidades

Esta historia está ligada a los otros Estados del Benelux. Poco a poco, los diversos Estados situados entre las futuras Francia y Alemania van a ser fusionados en un solo Estado por los Duques de Borgoña. Esta unificación comenzará en 1384 y no finalizará hasta en 1443. Los territorios serán llamados Países Bajos ("Belgica" en latín).

En el siglo XVI y como consecuencia de la Reforma Protestante, las provincias del norte proclamarán su independencia. Desde entonces hay que distinguir entre:

Los Países Bajos del Norte: Estado protestante e independiente; lo que más tarde será Holanda.

Los Países Bajos del Sur: Estado católico gobernado por soberanos extranjeros hasta 1789 (por la casa de los Hasburgos: primero por los españoles, después por los austríacos. Entre 1789 y 1830, estos Países Bajos del Sur fueron ocupados por los franceses y por los neerlandeses, antes de terminar siendo independientes como Estado belga. Finalmente, en 1839, una parte de Bélgica formará un nuevo Estado: el Gran Ducado de Luxemburgo.

Prehistoria y antigüedad

Los vestigios más antiguos de presencia humana en los territorios que conforman la actual Bélgica fueron encontrados en Hallembaye, en los alrededores de la montaña Saint-Pierre, (provincia de Lieja) y datan de hace 800.000 años. Después, en los alrededores del 400.000 a. C. seres humanos se instalan en el río. Del 250.000 al 35.000 a. C., estos territorios son poblados por el Neandertal, sobre todo en las provincias de Lieja y de Namur (hombre de Spy). A partir del 30.000 a. C., el hombre del Neandertal cede su lugar al hombre moderno. No hay que olvidar que a lo largo de las glaciaciones, el nivel del mar estaba mucho más bajo y que por lo tanto el desplazamiento a pie de Bélgica a la actual Inglaterra era totalmente posible. A este respecto, hay vestigios de la época neolítica en Spiennes, donde antaño se hallaba una mina prehistórica de sílex.

Las primeras trazas de la Edad de bronce datan del 1750 a. C. En el 500 a. C., habitadas por los celtas, estas regiones reciben la influencia del mundo mediterráneo y comercian con él. A partir del 150 a. C., aparecen las primeras monedas celtas.

Los "Comentarios sobre la guerra de las Galias" de Julio César (I y II) suponen el pincipio de la historia escrita en esta región. «De todos los pueblos de la Galia, los Belgas son los más bravos». Así decía el general romano acerca de estas tribus que tantos problemas causaron a sus legiones. Julio César justificaba de este modo los cinco años que tuvo que emplear para derrotar a estos guerreros. Estas regiones fueron añadidas tras su conquista a la Gallia, y fueron separadas por el emperador Augusto cuando éste decidió reorganizar la región, denominándolas como Gallia Belgica. Esta provincia imperial era mucho más importante que la Bélgica actual, puesto que también estaba compuesta por el noreste de la Francia actual, desde la Picardía al Franco Condado, así como de todo el oeste de Suiza.Después de que Belgica pasara todo esto, pobladores de Belgica empesaron a reunirse para dar una revelación contra los países que se estaba apoderando de ella. Belgica gana la revolución y así se convierte en un imperio.

La presencia romana aporta cuatro siglos de prosperidad a la región. La seguridad de las fronteras frente a los Germanos estaba asegurada por las legiones y las primeras vías de comunicación son creadas por una parte entre Boulogne-sur-Mer y Colonia, y por otra parte entre Reims y Tréveris. Varias fortalezas son levantadas en la intersección de estos ejes. El latín,empleado por los funcionarios romanos, los mercaderes y los militares, pronto se convierte en la lengua principal, sustituyendo así a los numerosos dialectos celtas. El cristianismo se impone rápidamente en el siglo III luego de la fundación de la diócesis de Tongres.

La Edad Media

Europa entre 919 y 1125.

Después de las grandes invasiones del siglo V, la región se convierte en el corazón del primer reino franco, cuya capital es Tournai. En los alrededores del año 500, Clovis I, rey de los Francos, recibe el bautizo y abandona Tournai para ir a París. El cristianismo masivo debuta en el 630 con el apoyo de los monjes celtas.

Los merovingios tuvieron una corta duración y fueron sustituidos por la dinastía carolingia . Después de que Carlos Martel se opusiera a la invasión morisca desde España (732 - Batalla de Poitiers), el rey Carlomagno (nacido cerca de Lieja en Herstal o Jupille) ejerció su dominio sobre una gran parte de Europa bajo su mandato y fue coronado el " emperador del Sacro Imperio Romano "por el Papa León III (800 en Roma).

Bajo el impulso de Carlomagno, el valle del Mosa adquiere el estatus de centro político y económico del Imperio carolingio. Más tarde, dicho imperio sería dividido entre sus tres hijos mediante el Tratado de Verdún.

La Lotaringia, parte que le correspondió a Lotario (Lothar) en calidad de emperador era un ente artificial que incluía los Países Bajos, zonas de Francia como Alsacia y Lorena, la Alemania al oeste del Rhin e Italia. Sobre el futuro territorio de Bélgica se desarrollan espacios casi independientes como los condados fruto de la debilidad de este estado, que desapareció en 870 al morir sin herederos Lotario. Bélgica, por el Tratado de Meersen, quedó dividida entre Francia y Alemania, siendo el río Escalda la frontera. Ejemplos son el de Brabante, el de Limburgo el de Luxemburgo, y el de Namur. También forma parte de este grupo el Principado de Liège, y el condado de Flandes, que en la práctica escapa a la autoridad del rey de Francia.

A partir del siglo X, las ciudades comienzan a desarrollarse, principalmente en el condado de Flandes. La industria de la lana conoce un éxito crucial, y el comercio marítimo llega a su punto más próspero con la Liga Hanseática. La región se convierte en uno de los motores de la economía europea, junto con Italia. La lana es importada de Inglaterra, con la cual se tejen relaciones que tendrán gran imporancia una vez llegados los conflictos entre los Capetos y la Casa de Plantagenet.

Las principales ciudades son entonces, en el oeste,Brujas, Gante, Ypres y Tournai, y en el país mosano, Huy, Namur, Dinant y Lieja. Sin embargo la tendencia a la urbanización es muy débil: solamente la ciudad de Nivelles se puede considerar urbana. Situadas en el interior del país, las otras ciudades del Brabante como Bruselas, Lovaina y Malinas, habrán de esperar al siglo X para desarrollarse. En esta época, los afluentes del Escalda son navegables y el tráfico comercial entre el Mosa y el Rin aumenta considerablemente.

Hasta en el año 1300, la pujanza económica de las ciudades es alimentada por una coyuntura favorable. No obstante, esta expansión cesa en el siglo XIV a causa de numerosas crisis y epidemias de peste. La población se estanca y en ciertos casos, disminuye. La mayoría de ciudades no volverá a alcanzar los niveles de población hasta la llegada del siglo XIX.

A partir del final del siglo XIII, varias batallas tienen lugar entre el rey de Francia y las comunas de Flandes, estando los condes en uno u otro lado según les convenía. El 18 de mayo de 1302, la guarnición francesa de Brujas es masacrada durante la revuelta de los Maitines de Brujas y la hueste real es aniquilada el 11 de julio del mismo año por las milicias comunales en la batalla de Courtrai, conocida también como La Batalla de las Espuelas de Oro. Esta batalla es hoy considerada como el nacimiento de la nación flamenca, aunque la Región flamenca actual y el condado de Flandes de la época no se correspondan más que parcialmente. Felipe IV de Francia obtendrá su revancha en la batalla de Mons-en-Pévèle el 18 de agosto de 1304.

Los Países Bajos : 1384 - 1795

Los Países Bajos borgoñones

Después de la Guerra de los Cien Años, los territorios de la futura Bélgica (con la excepción del principado de Liège) y los Países Bajos actuales pasan a las manos de los duques de Borgoña. Borgoña es desmembrada después de la muerte de Carlos el Temerario en 1477 y los Países Bajos borgoñones son controlados por los Habsburgo. Carlos V nace en

---

el 1500 en Gante, heredero al mismo tiempo de los Habsburgo y del trono español. Él mismo se considera como flamenco y borgoñés. Cuando reparte sus dominios entre su hermano y su hijo, las Diecisiete Provincias de los Países Bajos pasan a ser dominio de la España de Felipe II, y son desde entonces llamadas Países Bajos españoles.

En el siglo XV,luego del enarenamiento del Zwin, pero también por razones económicas y políticas, Amberes sustituye a Brujas como principal puerto de tránsito de la Europa occidental. Amberes se convierte entonces en una capital económica y financiera del noroeste europeo.

Los Países Bajos españoles

Bajo el mandato de Felipe II, los Países Bajos del Norte, convertidos al calvinismo , se rebelan y obtienen finalmente su independencia con el nombre de Provincias Unidas. Los territorios que formarán más tarde Bélgica y algunas provincias del Sur de los Países Bajos siguen siendo posesiones españolas tras numerosos disturbios y el exterminio de los anabaptistas. (ver David Joris)

Estos disturbios privan a Amberes de su pujanza económica. La ciudad es abandonada por la mayoría de su población, que huye hacia las Provincias Unidas o el Sacro Imperio Romano Germánico. Será algo más tarde cuando Ámsterdam pase a ocupar su lugar.

A lo largo del siglo XVII las guerras entre Francia de un lado y España y las Provincias Unidas de otro, dibujan la frontera actual entre Francia y Bélgica. Tras una serie de operaciones militares como la tercera batalla de Cassel en Noordpeene en el año 1677, el tratado de Nimega otorga a los franceses la posesión de Cassel, de Bailleul e Ypres. Esta última será devuelta al igual que Veurne y Tournai a través del tratado de Utrecht en 1713

Por este mismo tratado, la corona de España pasa a los Capetos con Felipe V de España, nieto de Luis XIV. Los Países Bajos del Sur, en este momento bajo el control de la armada neerlandesa, vuelven al poder de los Habsburgo de Austria y se convierten en los Países Bajos austriacos.

Los Países Bajos austriacos

Los Países Bajos austriacos en 1786.

Lode Wils en su "Histoire des nations belges" (Historia de las naciones belgas) presenta los Países bajos españoles/austriacos como una estado federal católico gobernado por monarcas extranjeros. Este sentimiento de pertenencia a un estado-nación conducirá a la emergencia de una "Historiografía nacional de los Países Bajos meridionales" y por lo tanto a la Historia de los Belgas (Des Roches en 1782, después Dewez en 1805 y De Smet en 1822).

Este sentimiento "belga" se confirma en 1757 en Viena, cuando el Consejo supremo de los Países Bajos es suprimido (aunque por motivos no nacionales), y es sustituido por una "Oficina Belga" dentro de la cancillería austriaca.

A menudo se recuerda que el término "belga" hace referencia a los Países Bajos del sur, excluyendo el Principado de Lieja. Por lo tanto, en 1792, los patriotas de ese principado y los belgas refugiados en París se reúnen en un "Comité de los Belgas y Liejenses Unidos" (bajo la dirección de Walckiers). Pero pronto los ciudadanos de Lieja terminarán considerándose como belgas durante las sucesivas revoluciones.

El principado de Lieja : 985 - 1795

El territorio actual de Bélgica comprendría dos países: los Países Bajos del Sur y el principado de Lieja.

Las revoluciones: 1789 - 1830

La revolución de Lieja

Destrucción de la Catedral Notre-Dame-et-Saint-Lambert de Lieja

La Revolución de Lieja es el periodo comprendido entre los años 1789 y 1795, y que conllevará la desaparición del principado de Lieja tras ocho siglos de existencia.

Según algunos historiadores, la revolución se desarrolló cuando el príncipe-obispo estaba ausente, desde su partida durante la noche del 26 al 27 de agosto del 1789 hasta su vuelta el 12 de febrero de 1791. De acuerdo con esta interpretación, la Revolucíón liejense era la contrapartida de la Revolución Brabanzona en los Países Bajos austriacos, que fracasó.

Según otros, la Revolución de Lieja era el reflejo de la Revolución francesa o incluso una parte de ella. La Revolución en Francia comenzó simúltaneamente en 1789 y bajo este punto de vista la revolución en Lieja continuó después del regreso temporal del príncipe; experimentó una segunda fase con la llegada de las tropas revolucionarias en 1792, y una tercera en 1794 con el segundo retorno de los franceses. La revolución llegó a su fin en 1795 como consecuencia directa de al desaparición del principado y de su incorporación a la República francesa.

Durante esta fase, la revolución mostró episodios extremos, como por ejemplo el de la demolición de la catedral Saint-Lambert; pero también prometedores: los diputados de la Convención liejense, que decidirán más tarde la integración del Principado dentro de Francia, fueron elegidos en 1792 por sufragio universal 1

La revolución brabanzona

En 1789, las reformas políticas y religiosas que quiere imponer el emperador José II provocan una insurrección. Los Estados generales no reconocen su autoridad. Este levantamiento es acompañado por la desintegración del ejército imperial tras la derrota en Turnhout el 24 octubre de 1789. Esta revolución brabranzona provoca el nacimiento de ideas independentistas en diferentes « Estados », y la creación de la Confederación de los Estados belgas unidos el 11 de enero de 1790. La discordia entre los partidos católico y liberal crea un clima inestable que favorece el retorno de las autoridades austriacas. Éstas restablecen su autoridad en octubre del año siguiente.

En esta época, Louis de Potter, un periodista belga del Correo de los Países Bajos, estaba encarcelado en Lille como consecuencia de sus escritos considerados anticlericales y republicanos. Durante varios años escribió desde su celda numerosos escritos divulgados secretamente en las provincias belgas. El profesor Harsin, partícipe de la Revolución brabanzona y profesor en la Universidad de Lieja, tuvo conciencia del advenimiento de la revolución flamenca e hizo posible la puesta en libertad de Louis de Potter, delante de las narices de los austriacos.

Presionado por las poblaciones de Courtrai, Roubaix y de sus alrededores, Louis de Potter fue llevado entonces en carruaje a Bruselas. Allí, cuenta Harsin que la población misma desató a los caballos y tiró desde Gante el carruaje. Mientras era llevado a hombros de los hombros de los revolucionarios y ovacionado como el verdadero jefe de la revolución belga, Louis de Potter pronunció aquella fase que se convertiría en el emblema de los belgas: " La Unión hace la fuerza".

Louis de Potter no dejó de criticar el poder impuesto por terceros en las provincias belgas reunidas. Fue en cierto modo el inventor del "Movimiento liberal social" y fue nombrado a la cabeza de un gobierno provisional en calidad de primer "primer ministro/presidente" belga. Cuando las naciones decidieron nombrar, con el apoyo de las "grandes familias", una familia real reinante, Louis de Potter cayó en desgracia y partió al exilio en Italia desprovisto de todo su poder popular. Allí permanecería el resto de su vida.

Los Estados Unidos de Bélgica

Después de esta primera revolución belga, un primer estado independiente sale a la luz. Su bandera consistía en tres franjas horizontales roja, negra y amarilla. Esta bandera volverá a ser utilizada durante la revolución 1830.

El periodo francés

El Primer Imperio Francés (1811).

En 1792, el principado de Lieja pide, a través de sus patriotas refugiados en París y en los Países Bajos del Sur, la liberación de sus tropas luego de la Batalla de Jemmapes. Los franceses organizan Bélgica bajo la dirección de Louis-Ghislain de Bouteville du Metz, que comienza un pillaje sistemático del país, sobre todo para conseguir financiación para la joven república. Las provincias belgas son reconquistadas temporalmente por Austria en 1793 con la aprobación del pueblo belga, exaltado por los excesos franceses.3

En 1794, los Estados belgas vuelven a formar parte de la República francesa el 1 de octubre de 1795 y el Principado de Lieja se convierte definitivamente en «belga» a través de su incorporación en tres departamentos: (Ourthe, Meuse-Inférieure y Sambre-et-Meuse). Esta desaparición será confirmada en 1801 por el Concordato entre Bonaparte y el Papa Pío VII.

Así pues, las reorganizaciones sistemáticas y organizadas por el Directorio se reanudan. Cuando Napoleón se convierte en Cónsul, los « departamentos reunidos » de la futura Bélgica como también una pequeña parte de la República Bátava son integradas en el imperio francés. Estos departamentos se correspondían aproximadamente a los antiguos "estados" de los Países Bajos austriacos, si bien algunos de ellos fueron creados ex nihilo (al igual que los de Limburgo y Ourthe, consecuencias del desmembramiento del ya inexistente Principado de Lieja).

Durante el periodo francés, la Valonia experimenta su propia revolución industrial y emerge como una de las regiones más industrializadas de Europa. El resto de Bélgica, particularmente Flandes, está retrasada en este aspecto.

Bélgica adopta en este momento el conjunto de instituciones de la Revolución francesa: administración, Código Napoleón, presión fiscal en beneficio del Estado, y justicia reformada entre otras. Sin embargo, el pueblo sufre, sobre todo en el ámbito religioso y por culpa de la conscripción. Por lo tanto, en la actual provincia de Lieja, el 6% de la población muere en los campos de batalla (6500 hombres). El uso de las lenguas locales como el flamenco es reprimido y las publicaciones en dicha lengua son prohibidas por la instauración del decreto del 2 thermidor del año II.

El periodo francés llega a su fin en 1815 con la derrota de Napoleón en Waterloo.

El periodo holandés

El Reino Unido de los Países Bajos

En el congreso de Viena de 1815, los tres grandes vencedores se reparten Europa sin tener en cuenta los sentimientos nacionales recién emergidos y sin consultar a la población.

De este modo los territorios de la futura Bélgica son unidos a los de los Países Bajos para formar un glacis en el norte de Francia. Al frente de este Reino Unido de los Países Bajos está Guillermo I

El 18 de julio de 1815, el rey promulga una constitución en aras de la fusión de los dos Países Bajos. En el norte, los Estados Generales aceptan por unanimidad. En el sur, dicha votación depende de 1603 notables belgas: 527 van a votar "a favor" y 796 "en contra" (de los cuales 126 votos son por motivos religiosos), El resultado es por lo tanto negativo con un 60% de los votos. Sin embargo, en el recuento de votos 280 abstenciones serán consideradas "a favor", así como los 126 votos "en contra" debidos a cuestiones religiosas . El nuevo resultado es entonces de 933 "a favor" y 670 " contra", de tal suerte que, el 24 de agosto, el gobierno proclama la aceptación de la constitución con un 58%.

Por lo tanto la oposición a los "Holandeses" ya era patente, de tal modo que, el 6 de marzo de 1814, más de un año antes del nacimiento del Reino Unido, un agente británico ya anunciaba que en Bélgica "la casi totalidad de clases de la sociedad (...) rechaza de forma muy contundente Holanda y la Casa de Orange. 4

En los hechos, la población asiste al restablecimiento de los Países Bajos anteriores a 1581, con la sola diferencia de que ahora se trata de un Estado protestante. 5

El primer antagonismo es lógicamente religioso, y la situación es inversa a la de 1581. Los 3.5 millones de belgas de las provincias del sur son católico y se hallan inmersos en un estado dirigido por los 2 millones de protestantes de las provincias del norte y por su rey. Además, se decreta la igualdad de religiones: el clérigo católico se siente entonces amenazado y sostiene la oposición en el campo. Dicha oposición está sobre todo acentuada en Flandes, y dirigida por el obispo de Gante. Así pues, al igual que en 1581, la religión será una causa directa de la escisión de los Países Bajos.

El segundo antagonismo es económico: los liberales ya no tienen acceso al mercado francés, mientras que han de subyugarse al libre comercio con Inglaterra y su muy avanzada industria. Por otra parte, el gobierno favorece las inversiones en el norte y el rey llegará incluso a frenar el desarrollo del puerto de Amberes para favorecer a los del norte. 6 Por estas razones, en 1816 los embajadores de Austria, de Rusia y de Prusia han perdido ya todo vestigio de confianza en la reunión de los 2 Países Bajos. 7

Paralelamente a estos dos problemas, el gobierno es cada vez más autoritario, sobre todo presionando a la libertad de prensa (con acusaciones de alteración del orden público) y del clero católico. Esto provoca la unión de los opositores a este despotismo, que reclaman al Parlamento responsabilidad ministerial y libertad de enseñanza.

Esta oposición católico-liberal será únicamente belga: los católicos del norte no tienen ninguna influencia (desde 1581) y pocos liberales del norte se unen, prefiriendo seguir fieles al rey. Esto puede explicarse por el favoritismo por-holandés del reino (en las funciones pública y militar),8 pero igualmente por el hecho de que los belgas eran mayoritarios. Hacerles demasiadas concesiones significaría darles las riendas del país, algo que ni el rey ni la población del norte aceptarían. La fidelidad al rey seguirá muy presente en los Países Bajos: no hubo cuestión real a la belgam ni siqiuera bajo el reinado de la antidemocracia de Guillermo III.

La sublevación de los belgas es entonces inevitable, y el elemento que lo propicia es la segunda ola de revoluciones en Europa (en 1830). La burguesía obtendrá el poder en agosto de 1830 y será sostenida, frente al soberano absolutista extranjero, por todas las capas de la sociedad (desde la nobleza hasta los campesinos).9

Para concluir este periodo, convendría mencionar que así como hoy en día la división lingüística constituye un serio problema para la integridad de Bélgica, por aquel entonces no era así. En los hechos, el decreto real del 15 de septiembre de 1819 establecía el neerlandés como lengua oficial (en las provincias neerlandófonas) en lo referente a la justicia y la administración, pero las lenguas populares no estaban protegidas (como el alemán en Luxemburgo). Además, los valones no se sienten amenazadas, ya que Guillermo I , a pesar de ser rey de los Países Bajos, era francófono (como la mayoría de la burguesía europea de la época).

La puesta en marcha de una política lingüística pro-neerlandesa fue tan gradual, que en verdad terminaron habiendo muy pocos lazos culturales entre Flandes y los Países Bajos.9 La crisis propiamente dicha no aparecería hasta en 1829, cuando se acusó al rey de imponer el uso del neerlandés por parte de las élites y la administración (justicia, policía...). Para comprender mejor esta "rebeldía", menester sería decir que en estas fechas ni siquiera se podía redactar el testamento en francés...

La revolución de 1830 y la independencia

El 25 de agosto de 1830, poco después de la Revolución de Julio en Francia, Bruselas se sublevó. Los disturbios se propagaron por todo el país y el 27 de septiembre las tropas gubernamentales de los Países Bajos evacuaron la mayor parte de las provincias del sur (sólo las ciudadelas de Amberes, Maastricht y de Luxemburgo permanecieron en manos de los ejércitos lealistas.

Desde el 25 de septiembre se formó un gobierno provisional, que elaboró una Constitución para Bélgica, optando por una monarquía. La corona belga fue ofrecida en primer lugar a Luis de Orleáns, duque de Nemours, hijo del rey Luis Felipe de Francia, que la rechazó por prudencia y para evitar conflictos diplomáticos. Durante un tiempo incluso se barajó la posibilidad de situar a Bélgica como estado independiente dentro de una unión personal en torno al rey de los Países Bajos, pero finalmente fue rechazada por el gobierno belga, sobre todo ante el recrudecimiento de los conflictos (el 27 de octubre el ejército holandés bombardeaba la ciudad de Amberes).

Bélgica : 1830 - 1914

Un estado en formación

El 4 de octubre de 1830, un gobierno provisional proclamó la independencia de Bélgica y el 3 de noviembre fue elegido el Congreso nacional belga entre unos 30.000 electores. El 7 de febrero de 1831 se aprobó la constitución del nuevo estado. La mayoría de los electores procedían de la burguesía y el francés fue elegido como único idioma oficial. La opinión general era que los francófonos eran mayoría en Bélgica, pues el francés era, durante esta época, la lengua de la élite y de la clase dominante que se había apoderado del poder político. En Flandes, así como en Valonia y Bruselas, el pueblo usaba sus lenguas regionales.

El 4 de noviembre de 1830 se inició una conferencia en Londres sobre el futuro de Bélgica: finalmente las grandes potencias decidieron reconocer la independencia de Bélgica el 20 de enero de 1831. Se estableció una monarquía y el trono fue entregado por defecto al príncipe alemán Leopoldo de Sajonia-Coburgo-Gotha (tío de la reina Victoria de Gran Bretaña), que se convirtió en Leopoldo I de Bélgica el 21 de julio de 1831. Bélgica declaró su neutralidad en la política internacional.

Historia de las fronteras

Las fronteras de Bélgica no fueron definitivamente fijadas hasta 1839 con la escisión de Limburgo (provincia creada en 1795 sobre el territorio del Principado de Lieja) y la independencia de Luxemburgo como Gran Ducado (hasta el momento todo Luxemburgo formaba parte de Bélgica, salvo la propia ciudad de Luxemburgo).

La Revolución industrial

En el siglo XIX, disponiendo de carbón y de hierro, Bélgica inició su Revolución industrial y durante un tiempo fue la segunda potencia industrial del mundo, tras Inglaterra. El centro de poder industrial del país se encontraba en Valonia, donde ya existía una antigua tradición de extracción y metalurgia del hierro y del carbón. El país también se convirtió en el segundo productor mundial de acero y carbón.

El imperio colonial

Estado libre del Congo, posesión personal del rey Leopoldo II.

El rey Leopoldo II, hijo de Leopoldo I y rey desde 1865 dirigió a título privado la colonización del Estado Independiente del Congo con el objetivo de obtener una colonia prestigiosa para Bélgica. El territorio de la actual República Democrática del Congo (Congo-Kinshasa, antiguo Zaire]], se convirtió en su dominio personal y no la cedió al gobierno de Bélgica hasta 1908 ante la presión de la opinión pública internacional por los crueles abusos cometidos sobre la población indígena.

La explotación de las riquezas del Congo fue confiada a los agentes y burócratas belgas instalados en el territorio y a varias empresas concesionarias, cuyas exacciones y crímenes contra la población congoleña se volvieron tristemente célebres. Para obtener caucho, rubíes, diamantes, oro y marfil en grandes cantidades, los indígenas fueron sometidos a trabajos forzados y a un régimen de terror en el que se masacraron aldeas enteras. Aunque se desconoce un número objetivo de víctimas se han hecho varias estimaciones (como en el libro "Los Fantasmas del rey Leopoldo", de Jean Stengers, y "Congo: mitos, realidades, historia" de Duculot y Gembloux). Las estimaciones abarcan tanto las víctimas directas de las masacres como las que fueron producidas por la desestabilización de la agricultura, la huida de la población. Las estimaciones varían entre 6 y 10 millones de personas.

En 1908, ante la presión internacional, el gobierno de Bélgica asumió la administración del Congo. La constitución belga prohibía al gobierno invertir dinero estatal en sus colonias. Todas las inversiones debían ser financiadas por fondos privados o por la propia colonia. En 75 años Bélgica convirtió a la colonia del Congo en un gigante agrícola y minero fuente de materias primas y divisas. Sin embargo, la inmensa mayoría de la población congoleña quedó excluida del crecimiento económico. Los salarios de la población eran ínfimos, el sistema de formación tradicional fue sustituido por escuelas primarias. La forma de organizar la coexistencia de negros y blancos de hecho confirmó la segregación racial, aunque de forma menos rigurosa que el "apartheid" de Sudáfrica, y sin ser sostenida por una ideología claramente vinculada al racismo. Se alzaron vivas críticas, sobre todo desde el ámbito cristiano, contra el sistema colonial, notablemente en "La Revue nouvelle". Varias figuras blancas y negras son las que fomentan los gestos a favor de la independencia del Congo, entre los que convendría destacar el "Manifeste de Conscience africaine" (Manifiesto de la Conciencia africana), dirigido por el cardenal Joseph-Albert Malula.

Por lo que se refiere a Bélgica, durante mucho tiempo se llevó a cabo una política y propaganda paternalista sobre la colonia del Congo, reflejada en obras como "Tintín en el

Congo", que glorificaba la "misión civilizadora" de Bélgica. Esta visión paternalista estaba muy extendida por toda Europa, sobre todo en la década de 1930.

Bélgica : 1914 - 1945

La Primera Guerra Mundial

En 1914, en aplicación del plan Schlieffen, Alemania, que se encontraba en guerra contra Francia, invadió Bélgica para atacar a los ejércitos franceses desde el norte. La violación de la neutralidad belga provocó la entrada en guerra del Reino Unido. Contrariamente a lo que se esperaban los militares alemanes, la resistencia del ejército belga resultó fuerte. De hecho, en algunos momentos de los primeros días de la invasión, el ejército alemán se vio obligado a retroceder, reduciendo la rapidez establecida previamente en el plan Schlieffen. Se necesitaron quince días y un ejército de 100.000 hombres para reducir las fortificaciones de Lieja. El ejército belga, liderado por el rey Alberto I, finalmente se vio obligado a retirarse, aunque contraatacó en Amberes en septiembre. La imprevista resistencia de los belgas entorpeció los planes de los alemanes, cuyo objetivo era atravesar en apenas unos días el territorio belga para atacar Francia, que de esta forma ganó un tiempo valioso para movilizar sus tropas. En su avance entre agosto y septiembre, los alemanes causaron numerosos destrozos y atrocidades en territorio belga.

Sin embargo, a pesar de la resistencia, Bélgica terminó completamente ocupada durante toda la guerra. El gobierno belga se exilió y refugió en Sainte-Adresse, en Le Havre. A instancias del gobierno belga, el ejército colonial del Congo declaró la guerra a Alemania y atacó las colonias alemanas de Camerún y África Oriental con la ayuda de los colonos franceses, británicos y portugueses. Después de la guerra, Bélgica obtuvo de la Sociedad de Naciones la tutela sobre Ruanda y Burundi.

Durante el período de entreguerras (1918-1939), Bélgica, como el resto de Europa, sufrió los efectos de la Gran Depresión económica.

La Segunda Guerra Mundial

En 1940, Bélgica fue nuevamente ocupada por Alemania. Después de librar un combate, a menudo considerado como una resistencia desesperada contra un enemigo muy superior, durante 18 días, en la batalla de Lys, donde pereció aproximadamente la mitad del ejército belga, el rey Leopoldo III decidió capitular, contra el parecer del gobierno belga exiliado en Londres. Muchos consideraron esta decisión del monarca belga como una traición, mientras que otros lo vieron como un gesto de solidaridad con los soldados capturados por los invasores. El rey permaneció en Bélgica como prisionero de guerra, negándose a ejercer funciones oficiales, incluso habiéndosele ofrecida por Adolf Hitler una posición en el nuevo régimen a finales de 1940.

El rey Leopoldo III estuvo en contacto con los secretarios generales y burócratas del gobierno de ocupación, que mantuvo en marcha la maquinaria administrativa del país en el ámbito del orden legal, el abastecimiento, economía, asuntos internos. En 1941 se desposó en secreto con Lilian Baels, un matrimonio sin validez jurídica por la ley belga, y una decisión que fue mal recibida por los belgas.

También provocó malestar en el país el hecho de que la mayoría de los prisioneros belgas valones permanecieron encarcelados hasta el fin de la guerra, mientras que casi todos los prisioneros belgas flamencos fueron liberados tras la capitulación del monarca. La monarquía perdió popularidad en Valonia y en Bruselas, mientras que el VNV (nacionalistas flamencos próximos al fascismo), aumentaron su fuerza en Flandes. La colaboración belga con los nazis estuvo marcada por la división entre valones y flamencos. La SS formó una división en Valonia, pero la mayor parte de la colaboración política e intelectual se concentró en Flandes, mientras que en Valonia la resistencia belga concentraba sus fuerzas, realizando varias acciones de sabotaje industrial contra objetivos estratégicos.

En Flandes varios elementos del nacionalismo flamenco vieron en la colaboración una herramienta para avanzar en sus objetivos políticos. Por otra parte la configuración del nacionalismo conservador flamenco se encontraba más próximo ideológicamente al nacionalsocialismo alemán. Fue por esta razón que los alemanes se atrajeron a los nacionalistas flamencos con medidas como la liberación de los prisioneros de Flandes.

Por lo que se refiere a las colonias belgas, durante la Segunda Guerra Mundial el Congo se desligó por completo del gobierno de ocupación y proporcionó materias primas y recursos materiales a los Aliados, y en concreto el uranio con el que se construyeron las bombas atómicas que pondrían fin a la Segunda Guerra Mundial.

Bélgica: después de 1945

Después de la Segunda Guerra Mundial, Bélgica se convirtió en uno de los miembros fundadores de la OTAN, la Comunidad Económica Europea y la Unión Europea.

La monarquía Belga

Debido al papel impopular del rey Leopoldo III durante la Segunda Guerra Mundial y varias manifestaciones en su contra, en 1950 se celebró un referéndum sobre la monarquía, y por un estrecho margen, el rey Leopoldo fue aceptado como monarca. No obstante, la mayoría de los valones se pronunciaron en contra y su regreso fue mal aceptado provocando varios disturbios en Valonia. Finalmente Leopoldo III decidió abdicar en favor de su hijo Balduino I, lo que permitió la continuación de la monarquía belga y un regreso a la calma, pero la cuestión monárquica marcó definitivamente una ruptura entre las fuerzas políticas belgas.

La independencia del Congo

Después de varios años de efervescencia nacionalista tras la Segunda Guerra Mundial el 4 de enero de 1959 el gobierno belga anunció reconocer la independencia del Congo y decidió fijar la fecha del 30 de junio de 1960 para la independencia tras una mesa de negociaciones en Bruselas. Los partidos más anticoloniales ganaron las elecciones legislativas y presidenciales. Joseph Kasa-Vubu fue elegido presidente y Patrice Lumumba Primer Ministro. El 30 de junio de 1960, la colonia belga accedió a la independencia tras seis meses de preparativos.

El nuevo país sufrió varios disturbios internos, y Bélgica intervino para asegurarse de que no se produjera una nacionalización de los recursos naturales, apoyando la secesión de las dos provincias mineras de Katanga y Kasai del Sur. Joseph-Désiré Mobutu se apoderó del poder en el Congo, y ordenó el encarcelamiento de Lumumba, que fue asesinado en la cárcel con la complicidad de los servicios secretos belgas. A partir de 1980 la corrupción y mala gestión del régimen de Mobutu arrojaron al Congo en la miseria y la guerra civil. Después de 2005, Bélgica se esforzó por ayudar a la nueva República Democrática del Congo en su marcha hacia una verdadera democracia.

Evolución económica

En Bélgica las décadas de 1960 y 1970 destacaron por un cambio en el flujo económico. Flandes se desarrolló poco a poco, convirtiéndose en la región más productiva y próspera del país, en detrimento de Valonia, afectada por sucesivas crisis industriales.

Durante este período el inglés comenzó a sustituir al francés como primera lengua extranjera en Francia.

La crisis de Valonia, entre sus diversas causas, se debió al desinterés del sector privado por invertir en la región, el radicalismo sindical y la debilidad de los poderes públicos para salir de la crisis.

Federalismo y tensiones comunitarias

Debido a la presión conjunta de los nacionalistas flamencos y de los regionalistas valones, Bélgica evolucionó progresivamente hacia un estado cada vez más federalista. Las reformas institucionales convirtieron el antiguo estado unitario en una estructura cada vez más centralizada de carácter federal, e incluso confederal. Las leyes lingüísticas de 1963 definieron el ámbito y el uso de las tres lenguas oficiales del país (francés, flamenco, alemán), estableciendo un sistema lingüístico muy complejo y estricto. La constitución de 1994 introdujo algunas reformas en el estado federal y en 2004 los nacionalistas flamencos expresaron su deseo de modificar la constitución para crear un estado confederal que permitiera la secesión de Flandes llegado el momento.

Muerte de Balduino I de Bélgica

El 31 de julio de 1993, se produjo la muerte del rey Balduino I en Motril, en el sur de España. Todo el país sufrió ante la muerte del popular monarca y miles de personas desfilaron por el palacio de Bruselas para despedir al monarca. A sus funerales acudieron numerosos jefes de estado y de gobierno, así como miembros de la familia Sajonia-Coburgo-Gotha. Por primera vez la reina Isabel II de Inglaterra y el emperador Akihito de Japón acudieron a unos funerales en el extranjero.

Tras la muerte del rey Balduino I, su hermano se convirtió en rey de los Belgas con el nombre de Alberto II. Su esposa se convirtió en la reina Paola. Actualmente tienen tres hijos: el príncipe Felipe, la princesa Astrid y el príncipe Lorenzo. Aunque el rey Alberto II ha conservado los mismos valores que su predecesor, ha modernizado considerablemente la imagen de la monarquía belga, considerada muy austera durante el reinado de Balduino y Fabiola. Asimismo, con sus hijos y nietos le ha proporcionado un toque más familiar.

Parte de esta información ha sido tomada de:

http://es.wikipedia.org/wiki/Historia_de_Bélgica (Acesso 07-09-10).

INDICE DE LUGARES

A

Afsluitdijk, 24, 82, 83
Alkmaar, 14, 24, 51, 81, 82, 99
Amberes, 14, 27, 66, 67, 68, 72, 83, 84, 85, 87, 94, 115, 135, 136, 144, 147, 148, 150
Amsterdam, 14, 25, 54, 55, 60, 61, 62, 64, 69, 84, 90, 99, 107

B

Bayona, 83, 84, 90, 93, 98, 99, 101, 102, 104, 111, 115, 116, 119, 120, 121
Beaugency, 29, 75
Biarritz, 82, 83, 84, 90, 93, 98, 99, 100, 102, 104, 111, 115, 120, 121, 141
Blanes, 14, 19, 33, 34, 40
Bouillon, 14, 38, 39, 40, 41
Brujas, 14, 15, 29, 72, 73, 74, 75, 90, 91, 92, 93, 101, 135, 136, 143, 144
Bruselas, 14, 28, 68, 70, 71, 72, 75, 87, 88, 90, 93, 94, 95, 96, 97, 98, 101, 138, 143, 145, 148, 150, 151, 152

D

Den Hoog, 50
Den Hoorn, 50
Den Oever, 49, 83
Durbuy, 40

E

Echternach, 36, 37, 98, 99, 113
Edam, 14, 25, 52, 53, 54, 64, 81, 99, 100, 121

G

Gante, 14, 28, 29, 72, 75, 92, 101, 102, 136, 143, 144, 145, 147
Giethoorn, 23, 47

H

Hoenderloo, 45
Hoge Veluwe, 14, 22, 45, 50, 58, 102, 103

K

Kampen, 23, 46
Kinderdijk, 14, 16, 26, 27, 65

L

La Roche en Ardenne, 39
Landsmeer, 55
Lauwersoog, 48
Leeuwarden, 49

Leiden, 26, 63, 64, 104, 105, 106, 107, 108, 109, 110, 111
Lisse, 63, 104
Lovaina, 14, 27, 68, 69, 70, 94, 111, 143
Luxemburgo, 1, 13, 14, 15, 16, 20, 35, 36, 37, 38, 96, 98, 111, 112, 113, 114, 115, 116, 118, 125, 126, 127, 128, 129, 130, 131, 137, 138, 140, 142, 143, 148, 149

M

Marken, 14, 16, 25, 52, 53, 54, 115, 122
Metz, 14, 20, 35, 36, 116, 117, 118, 119, 146
Molikendam, 52

N

Namur, 14, 22, 38, 43, 119, 120, 142, 143

O

Ondres Plage, 29, 76
Oostercheldekering, 27, 66

P

Proyecto Delta, 66, 120

R

Redu, 22, 39, 41
Rochefort, 14, 21, 40, 52, 69

S

Stavoren, 49

T

Texel, 14, 24, 49, 50, 52, 54, 121
Tournon sur Rhône, 14, 19

U

Utrech, 26, 56, 64, 67

V

Vianden, 37
Vliegenbos, 25, 55

Z

Zaanse Schans, 54
Zeeburg, 55
Zwaagwesteinde, 48
Zwollen, 46, 47

www.ingramcontent.com/pod-product-compliance
Lightning Source LLC
LaVergne TN
LVHW051640080426
835511LV00016B/2404